"악-!" 하고 소리 지르는 이유

답답하게 하지 마

이런 특성을 가진 ADHD 아이들의 마음에 다가가고자 하는 만화입니다.
한번 읽어보시기 바랍니다.

발달장애
나에겐 불안 초조한
이유가 있어!

가나시로 냥코 지음
마에카와 아사미 감수·해설

이윤정 옮김

마고북스

발달장애 나에겐 불안 초조한 이유가 있어!

초판 1쇄 발행 2023년 12월 1일

지은이 가나시로 냥꼬
옮긴이 이윤정
펴낸이 노미영

펴낸곳 마고북스
등록 2002. 1. 8.
주소 경기도 파주시 탄현면 새오리로 339번길 79-27
전화 02-523-3123 팩스 02-6455-5424
이메일 magobooks@naver.com

ISBN 979-11-87282-07-5 03370

값 15,000원

그야말로 우주인 같아!

인간과 잘 사귀지 못하고 지구에 융화되지 못한 우주인인 게야!

이런 제 소개가 늦었네요.

나만 그런가?

여러분의 아이가 그렇다고 생각한 적은 없나요?!

꾸벅

이 만화를 그리고 있습니다. 가나시로 냥코입니다. 제 아들 류타는

ADHD와 경도 자폐 스펙트럼 장애가 있습니다.

정말 늘
죄송합니다.

5-1

류타군이
짜증이 나서
청소도구를
부줬어요.

발달장애가 있다는
것을 알았다고
해서 '자-치료교육!
치료교육이닷!'
한 것은 아니고…

이런 아이는
이런 특성이
있어요.
야단치지 마시고
소중하게
키우세요.

아들이 발달장애라는
것을 안 것은 류타가
초등학교 4학년
때였습니다.

소아정신과 의사

여러 부문에서 발달
편차가 심한 아이를
키우는 어려움으로
항상 머리를 싸매고
있었습니다.

제발 소란 좀
피우지 마.

싫어 싫어
이제 학원
안 갈래.

안절부절

온 몸에
가시를 두르고
방어하며 살고
있구나.

못하는 게
많으니 싫은
것도 그만큼
많겠지.

최소한 세상 사는
요령만이라도
가르쳐주면 살아가기가
조금은 수월해질까?

그렇게
생각하면서도
불안 초조하여
화를 내거나

복도에서 자면
남들이 이상한
아이라고
생각한단 말야.

왜?!

장래가 걱정되어
의기소침해
있거나 하는
날들의
연속이었습니다.

왜 모두와
똑같아야
되냐고!

왜 그런 걸
신경써야
되는데?

'보통 이렇게 한단다'라든지
'일반적으로는 이렇게 생각해'라고 알려줘도

자기 마음에 좋은지 싫은지로 판단하지,
그냥 순순히 받아들여주지 않습니다.

남들 따위 신경 쓰는 거 무리니까 그렇지!!

말대답만 따박따박 하고 이젠 질렸어!

발달장애에 관한 책을 읽고 이해하고 있는 줄 알았던 저입니다만
사실은 깨닫지 못했던 것이 있었습니다.

독특한 사고방식이나 집착으로 인해 사물을 유연하게 파악하지 못하는
아들 본인이 사실은 가장 어려움을 겪고 있었던 것입니다.

초등학교에서는 사람을 잘 사귀지 못했지만 지금은 주위 사람들과 나름대로 사귈 수 있게 되었습니다.

뭐? 나 까칠했어?

아직 약간 까칠해

현재 아들은 성인이 되어 까칠했던 부분이 쪼~끔 원만해졌습니다.

초등학교 무렵에
어떤 생각을 하고 있었고

주위 사람들이
무엇을 이해해주었으면
했었는지 물어보았더니

저와 긴 시간
이야기할 수도 있게
되었기 때문에

이해해줬으면 하면서도
말로 잘 설명을
못 해서 곤란했다"고
합니다.

아, 뭐 됐어
오해를
하든지 말든지

어..
그러니까

"선생님이나 엄마를
화나게 하는
내 행동에는
다 이유가 있지만

실제로는 아들을
곤경에 처하게 하거나
힘들게 했는지도
모르겠습니다.

아들의 특성을
이해해서 나름대로
열심히 뒷바라지를
한다고 해왔는데

어떻게
대해주면
좋을까?

아이를 있는 그대로
받아들이지 못해서 서로
힘들기만 했던 것이죠.

장애에 대해 좀 더 깊이
이해하고 있었다면
아이와 부딪히지 않고
키울 수 있었을까요?

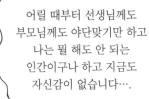

어릴 때부터 선생님께도
부모님께도 야단맞기만 하고
나는 뭘 해도 안 되는
인간이구나 하고 지금도
자신감이 없습니다….

지금까지 발달장애에 관한
만화를 몇 권 그리는 동안 성인
발달장애인 분에게 이야기를
들을 기회가 있었습니다.

이런 식으로 계속
힘든 경험을 가지는
사람도 있는가 하면

평범한 아이가 되어주길
바라는 부모님들이
불가능한 것들을
이것저것 요구하니

패닉을 일으켜
폭주하는
사람도 있습니다.

뒷바라지에
온 힘을 쏟다 보면
부모는 아이의 마음을
알아차리기 어렵게
되어 버리지요.

성장한 아들에게
'초등학교 무렵에 느꼈던 것'을
세세하게 캐어물었습니다!
전문가에게도 조언을 구했습니다.

발달장애가 있는 아이의
내면을 이해할 수 있다면
더 능숙하게 대응할 수
있지 않을까? 그렇게
생각하고 이번 기회에

엄마는 영~원히 ♪
첫째가는
네 편이고 싶단다~

이 책을 통해 어깨에 힘을
빼고 편해지는 육아 힌트를
만나보지 않겠습니까.

차례

장애명과 진단명에 대하여

1 새 진단명 '자폐 스펙트럼 장애'

전반적 발달장애

자폐증

아스퍼거 장애

자폐 스펙트럼 장애

최근에는 자폐 스펙트럼 장애(ASD)라는 진단명을 자주 듣게 됩니다.

이것은 '자폐증'과, 지적장애가 무겁지 않은 '아스퍼거 장애' 등을 합쳐서 연속선상에서 이해하기 위해 사용하게 된 진단명입니다.

2 ADHD 등을 포함해 '발달장애'라고 통칭한다

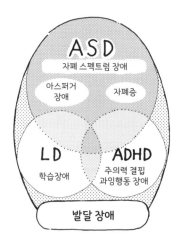

ASD
자폐 스펙트럼 장애

아스퍼거 장애

자폐증

LD
학습장애

ADHD
주의력 결핍 과잉행동 장애

발달 장애

일본에서는 ASD와 함께 주의력결핍 과잉행동 장애(ADHD), 학습장애(LD) 등을 포함하여 '발달장애'라고 부릅니다. 이러한 장애는 중복되는 경우도 적지 않습니다.

발달장애를 가진 아이들은 인간관계나 의사소통에 문제를 안고 있어, 남들과 잘 사귀지 못하고 고립되기도 합니다.

3 명칭은 하나라도 특징은 다양

발달장애를 가진 아이들은 '상상력에 편향이 있다', '집착이 강하다', '융통성이 없다'와 같은 특징이 있습니다.

다른 한편, 말문이 터지지 않는 아이가 있는가 하면, 어려운 단어를 많이 알고 있는 아이가 있거나, 방금 말한 것을 기억하지 못하는 아이도 있고, 육법전서를 외우는 아이도 있는 등 다양성을 보입니다.

4 'D'는 '다양성(Diversity)'의 D!

ASD, ADHD, LD의 D는 장애(Disorder)의 머리글자이지만, '다양성' 즉 다이버시티(Diversity)의 D라고 생각합시다. 아이들은 한 사람 한 사람이 특별합니다.

그런 그들을 지원할 때 목표는 '모두와 같이' '보통'이 되는 것이 아니라 다양한 '그 아이다움'에 다가가는 것입니다.

진단의 단은 '단면(斷面)'의 단으로, '단정(斷定)짓다'의 단이 아닙니다. 아이에게는 장애 외에도 다른 많은 측면이 있음을 잊지 마시기 바랍니다.

이 책에서 저는 아이의 마음과 부모님의 마음에 대한 이해를 심화시키고, 함께 살아가기 위한 연구와 힌트를 소개한다는 두 가지 측면에서 조언을 드리겠습니다!

한번 입을 열면 멈추지 못하는 것은 왜?

멈추지 않는 수다가 학교에서는
기피의 이유가 되기도 해서

종알 종알

말이 빨라서
무슨 소린지
모르겠어.

류타는 자기가 좋아하는
이야기를 시작하면 끝이
없어요. 상대방이 들을
태세인지 아닌지는
생각하지 않아요.

흠, 건성으로
대하면
까칠해지니
난감하네.

그치만
말아
먼
옛날
부터
있었던
피라미드는
남는대.

그런 만큼 집에서
수다로 발산하고
싶은 것 같아서
되도록 이야기를
들어주고 싶지만

그래
그래

내 이야기를
애들이
제대로
들어주지
않는단
말이얏.

울컥
울컥

빨리
일해야
되는데

언제
끝나?!

종알
종알

있잖아
그래서

진짜 길 때는
한 시간 이상
계속하니 아유
힘들어!!

응
응

그래서 말야 이러쿵 저러쿵

조잘 조잘

정신 사나우니까 거기서 얘기하지 마.

화장실에 가서 일단 이야기를 끊자.

미안. 볼일이 급해서

쏴아

왜? 안 들렸어?

저기 말야 화장실까지 따라와서 수다 떠는 건 매너 위반!

그런 게 아냐

사람 말을 듣질 않아요.

그 생선 통조림이 세계에서 제일 냄새가 지독한 음식으로 두리안도 냄새 나지만 비행기에 들고 들어가면···

조잘 조잘

···

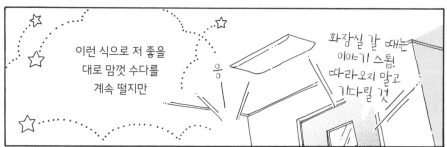

이런 식으로 저 좋을 대로 맘껏 수다를 계속 떨지만

음

화장실 갈 때는 이야기 스톱! 따라오지 말고 기다릴 것

그 정보를 빨리 누군가에게 알려주고 싶어진단 말이지

책을 읽고 감동하거나 흥분하면

류타 20세

내 이야기를 모두들 들어줬으면!

얘들아 "이런 이야기 알아?" 하고 모두에게 알리고 싶은 거야.

이야기하고 있으면 할 말이 연달아 계속 샘솟아서 그만 수다에 푹 빠져버리거든.

들어주는 사람한테는 괜히 더 많이 이야기하고 싶어져서

물 흐르듯 이야기하고 싶어

$$\frac{3}{4} \times \frac{1}{5} =$$

차—악

지금 머릿속에 있는 것을 전부 다 토해내고 싶은 거야!

그럴 때는 주위 상황이나 상대방에 대해 생각을 못 하게 되어서

책에서 읽은 것을 그저 알려주고 싶을 뿐이니까 이야기 도중에 뭔가 질문을 받으면 이런 생각이 들어.

다른 사람 말에 대답하는 것까지는 생각을 못 하는 거야.

말하고 있는데 끊지 말라고.

그건 뭐야?

기분 좋게 계속 이야기하고 싶은데~

아무튼

직성이 풀릴 때까지 이야기하고 싶은 거지.

어머나

그런 식으로 생각하는 거야? 류타는 연설을 하고 싶은가 보네.

수다쟁이 류타를
'시끄럽네~' 하고
생각할 때도
있지만

뭐
쫌~

지금은 잘
알아듣네~

그건 자발적으로
주위 사람들과
연결되고자 하는
'표현'일지도 몰라.

아들 입에서 무슨
말이 나올까…?

이런 것도 마음에
걸렸습니다.

하지만 반대로
남의 이야기를
경청하지 못하는
것은 왜일까?

> 수다를 그치지 못하는 '이유'와 그런 '마음'을 받아들여 줍시다. 그런 다음 알기 쉽게 중지시킵니다!

아이의 마음 ♥ '전부 다 이야기해야 직성이 풀려!'

• '좋아하는 것 · 흥미 있는 것'에 특별히 열의를 갖는다

발달장애에도 여러 유형이 있습니다. 류타군처럼 '다른 사람과 적극적으로(집요할 정도로) 관계를 갖는 아이', '스스로는 다가가지 못하고 남의 뒤에서 따라가는 아이' 그리고 '되도록 사람을 피하려는 아이' 등을 들 수 있습니다.

이런 아이들에게는 흥미가 있는 것과 없는 것, 좋아하는 것과 그렇지 않은 것 등에 대한 태도가 극단적으로 다르다는 공통적 특징이 보입니다. 물론 누구나 어느 정도는 그렇기는 하지만요.

그런데 흥미 있는 것, 좋아하는 것에 대한 이 아이들의 열의는 특별합니다. 좋아하는 도감을 밤새워 독파한다든지, 식사도 잊고 축구 선수에 대해 조사한다든지 하기 때문에 '○○박사'라는 별명이 붙여지는 경우도 드물지 않습니다. 일단 알고 싶다거나 재미있다고 생각하면 철저하게 알고 싶어합니다.

• **상대방의 입장에서 생각하지 못한다. 그러므로 이야기를 멈추지 못한다**

이들은 그렇게 자신이 '알고 있는' 것에 관해 이야기를 시작하면 상대방이 어떻게 생각하는지는 신경쓰지 않습니다. 도중에 멈추지 않습니다. 숨쉬는 것도 잊어버려 호흡 곤란이 와도 멈추지 않습니다.

류타군처럼 화장실까지 쫓아와서 계속 이야기하는 수도 있습니다. 밤에 잠자리에 들어서도 계속 수다를 떨어 부모님이 잠을 못 자는 경우도 있습니다.

'다른 사람의 마음은 내 마음과 달라서 느끼는 것도 나와 다르다'는 것을 잘 이해하지 못하기 때문에, 상대방이 지루해하거나 말하고 싶어 해도 그것을 눈치채지 못하는 것입니다.

● **한꺼번에 전부 이야기하지 않으면 잊어버린다**

한편, 듣는 사람이 맞장구치거나 의견을 말하면, 이들은 '조용히 해' 따위의 말을 하기도 합니다. 질문을 받으면 짜증을 내는 아이도 있습니다.

내가 이야기하고 싶은 내용은 전부 한 세트이므로 처음부터 마지막까지 이야기하지 않으면 속이 후련하지 않은 데다가, 중단되면 어디까지 이야기했는지 알 수 없어지기 때문입니다. 개중에는 맞장구를 왜 치는지 이해하지 못하고 그저 귀에 거슬리는 소리로만 받아들이는 아이도 있습니다.

● **이야기를 함으로써 불안을 해소하려는 경우도 있다**

또한, 불안하니까 계속 이야기하는 경우도 있습니다.

발달장애가 있는 아이는 예정되지 않은 것에 대해 강한 불안을 느낍니다. 예를 들면 수업 진행 방식을 예측할 수 없거나 주위 사람들의 화제를 따라잡지 못하면 불안해져서 자신에게 익숙한 이야기를 해서 스스로 안심하려고 합니다. 그 결과 같은 이야기를 주절주절 계속하게 되기도 합니다.

자기한테 관심있는 것을 이야기함으로써 '주위 사람들과 연결되려' 하는 것입니다.

부모님의 마음 ♥ '시간을 내어 주고 싶어요. 하지만 솔직히 힘들어요…'

● 아이를 우선시할 수 없더라도 자책할 필요는 없어요

부모님은 아이의 이야기를 들어주고 싶다고 생각하면서도 점점 지겨워지죠. 또는 '내 시간이 필요해'라고도 느낄 것입니다. 부모님에게도 해야 할 일, 하고 싶은 일이 있을 테니 당연합니다. 아이를 우선시할 수 없는 스스로를 '부모 자격이 없다'고 책망할 필요는 없습니다.

가정은 작은 사회입니다. 다른 사람과 함께 살아가다 보면 언제나 제 마음대로만 된다는 법은 없으며, 늘 특별 대우를 받는 것도 아닙니다. 이런 것은 사회에 나가기 전에 알아두어야 합니다.

아이의 이야기를 들어주기 '어렵다'든가 '안 돼'라고 하면 아이가 속상해할 수도 있습니다. 그러나 부모가 참기만 하면 아이와의 관계가 스트레스밖에 되지 않고 결과적으로 좋은 관계를 유지할 수 없게 됩니다.

그러므로 때로는 '어렵다', '안 돼'라고 말해주는 것도 중요합니다.

1 이야기를 해도 되는 시간과 장소를 정하자!

이야기할 시간을 위와 같은 방법으로 컨트롤합시다. 또한, 아이가 같은 이야기를 몇 시간이고 할 때는 아이를 불안하게 하는 스트레스 요인이 없는지 상태를 관찰하는 것도 필요합니다. 이미 언급했듯이 불안으로부터 스스로를 지키기 위해 자신 있는 화제를 계속 이야기하는 경우도 있기 때문입니다.

2 '눈치로 좀 알아라'가 아니라 분명하게 알려줄 것

질린다는 표정이나 한숨, 바쁜 기색으로 아이가 눈치를 챌 수는 없습니다. 너무 참지 말고 분명하게 말로 상황을 전달하세요. 안 된다고만 말하지 말고 이유와 구체적으로 어떻게 할 것인지도 명확히 제시하도록 합시다.

이야기할 적절한 장소를 가리지 못하는 아이도 있는데, 그럴 때는 '○○에 관한 이야기는 집에서라면 해도 돼'라고 가르칩시다.

3 다른 사람의 마음을 확실히 전달할 것

'내 시간이 필요해'라는 의사를 확실하게 말로 가르칩시다.

'누구나 "자기만의 시간"이라는 것이 있어서 그것을 소중히 여긴단다.'

'"자기만의 시간"이란 일, 취미, 휴식과 같이 자신을 위한 활동을 자유롭게 하는 시간이야'

라는 식으로 말해줄 수 있을 것입니다.

4 아이의 독특함에도 관심을 가져주세요

푹 빠져 있는 이야기의 주제 속에 아이의 독특하고 매력적인 세계가 숨어 있을 수도 있습니다. '멋진 것에 흥미를 가지고 있구나'라고 부모님이 관심을 가짐으로써 아이는 자기다움을 긍정받는 기분이 될 수 있다는 것도 기억해두세요.

거꾸로, 상대방이 말을 걸면 화를 내는 건 왜?

아, 맞다. 엄마 우유팩 좀 줘.

그래.

류타 초등 3년

공작 시간에.

응? 언제 필요한데?

지금이 아니라곳.

작은 거 지금 없네.

작은 걸로.

크기는?

자동차 만들 거야.

그런 건 지금 모른단 말얏.

확실치 않아서 되물으면

불퉁

류타는 언제나 생각나는 대로 말하는 버릇이 있어서

그 외에 필요한 건?

우유팩은 언제 필요해?

그건 이번 주? 다음 주?

30

case 2 거꾸로, 상대방이 말을 걸면 화를 내는 건 왜?

화내는 원인을 잘
몰라서 이렇게
생각했었습니다.

우리 애는
아무래도
성격에 문제가
있는 거야…

내
…탓일까.

말을 건다는
이유만으로
싸우다니?

거기에는 이런
이유가 있다고
스무살 류타가
말했습니다.

누가 말을
걸면 엄청
화가 나.

그림을
그리거나
공작을 할
때

보면 모르냐
싶은 질문을
하니까
싫은 거야.

야, 저기, 왜
맨날 자동차
그림 그리는
거냐?

그거
뭐야?
자동차
그림?

불쑥 말
걸지 마.
깜짝
놀랐잖아.

창작 활동 중엔 눈앞에 자기만의 세계가 펼쳐지는 거야.

하지만 누가 말을 걸면 그게 확 차단되면서 그 세계가 사라져 버리는 거야.

이상해

뭐야 이거

보지 마

어차피 놀리고 싶어서 집적거려 보는 거잖아.

볼일 없으면 말 걸지 마.

혼자만의 시간을 갖지 못하면 스트레스가 쌓이니까

나는 창작활동을 하면서 보내고 싶어.

공작

창작 중에는 나를 내버려 둬!!

아, 이제 이 그림은 망했어.

울컥

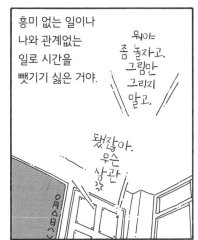

흥미 없는 일이나 나와 관계없는 일로 시간을 뺏기기 싫은 거야.

뭐야 좀 놀자고. 그림만 그리지 말고.

됐잖아. 무슨 상관

사람이 모자라는데 피구 하지 않을래?

규칙이 있는 놀이나 인원수가 많은 놀이는 못하니까 누가 하자고 해도 싫어서

단호 안 해.

그래서 오해하든지 말든지 뭐 됐다고 생각할 때도 있어.

응응

이런 심정을 일일이 설명하는 건 귀찮다고.

그러니까~ 그러니까~

저건? 그건? 이건?

중얼

으...

상대방이 자꾸 되물으면 책망받는 것 같은 느낌이 드니까.

누가 말을 걸면 짜증나는 건 알겠는데 엄마와 이야기하다 갑자기 화내는 건 왜 그런 걸까?

음 그건 말야~

34

그게~

그러니까~

으윽… 줄줄이 물어보지 마~

나는 기억해 내는 데 시간이 걸려. 초조해지면 괜히 더 헷갈린다고.

뭐였더라?!

대답하고 싶어도 머릿속이 하얘져서

무슨 질문을 받았는지 모르게 되는 거지.

얼음 ──── 땡

가르쳐줬다고 해도

또 잊어버리면 어쩌나 하고 겁이 나서

한 번 더 말해달라고 하면 화낼까?

이런 스스로가 짜증나게 되는 거야.

무슨 말을 해도 어차피 내 말은 통하지 않아.

아 싫어. 귀찮아…

말하는 건 뭐 됐어 이러고 말지.

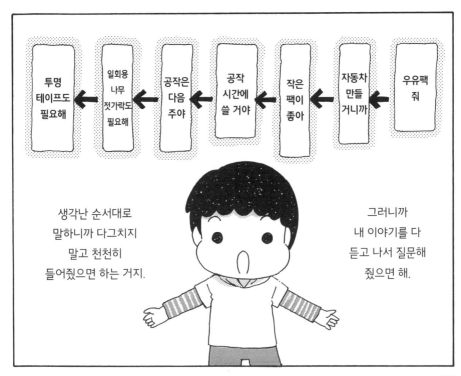

투명 테이프도 필요해

일회용 나무 젓가락도 필요해

공작은 다음 주야

공작 시간에 쓸 거야

작은 팩이 좋아

자동차 만들 거니까

우유팩 줘

생각난 순서대로 말하니까 다그치지 말고 천천히 들어줬으면 하는 거지.

그러니까 내 이야기를 다 듣고 나서 질문해 줬으면 해.

이게
제일
곤란한 거야.

그리고

알림장은
지금 꺼내
놔.

내일
준비를
지금 해
둬야지.

숙제
있어?

여러가지 일을
한꺼번에 들으면
기억 못 해.

엄마는
무슨 말을
하고 있는
걸까…

준비물을
제대로 못
챙긴다고
선생님이
말씀하셨어.

생각하다 보니
말이 끝났어.
결국 무슨
말을 들었는지
모르겠어.

맨 마지막
지시만
기억해두는
거야.

응

그리고
알림장 줘 봐.

알림장

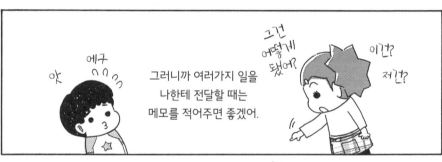

그렇게 힘들어했을 줄은… 엄마가 말하는 방식이 잘못되었었구나…

그랬구나.

목욕해.

알았어.

내일은 도시락 필요해?

뭐, 지금은 휴대폰으로 그때 그때 말해주니까 알기 쉬워.

단호

응! 상당히

부담을 주었다는 거구나.

걸핏하면 화내는 류타와의 대화는 어렵다고 생각했지만 힘들어하고 있었던 사람은 나보다 류타였다는 걸 알고 여러가지로 반성했습니다.

마에카와 선생님의 어드바이스

지나친 개입은 아이를 혼란스럽게 할 뿐. 본인이 힘들어하는 모습이 보이지 않는다면 '조금 기다리거나' '지켜보는' 자세가 중요합니다.

아이의 마음 ♥ '피로를 풀기 위한 소중한 시간이란 말야!'

● 주위에 넘쳐나는 감각 자극으로 기진맥진 상태일 수도

발달장애 아동은 '사람을 싫어하지 않는데, 다른 사람과 있으면 극단적으로 피곤해진다'고 느낀다는 경우가 많고, 그로 인해 쉬는 시간이나 방과후에는 혼자 있고 싶다고 생각하기도 합니다. 이 책 케이스 5의 내용을 좀 미리보기 하는 셈인데, 여기에는 감각 과민이 관련되는 경우가 많은 듯합니다.

학교에는 사람들의 체취, 목소리, 움직임, 소리 등 오감을 뒤흔드는 자극이 엄청나게 많습니다. 다른 사람과 의사소통을 하려면 오감을 자극하는 많은 정보 속에서 필요한 말이나 내용에 집중하고, 게다가 거기에 적절히 반응해야 합니다. 그러나 이 아이들은 그런 것을 잘 하지 못합니다. 그렇기에 남보다 심신을 혹사해서 심하게 지쳐버리는 것입니다.

• 예측할 수 없는 개입은 본인에게는 '방해'

따라서 류타군이 잘 표현하고 있습니다만 혼자만의 시간을 갖지 못하면 스트레스가 쌓이기 때문에 그냥 내버려두라고 하루에도 몇 번씩 말합니다. 그 시간은 '좋아하는 일', '하고 있으면 마음이 안정되는 일'에 몰두하고 싶은 때로, 심신의 피로를 회복하고 기분전환을 하는 데 중요한 시간입니다.

그럴 때 다가오는 사람은 그들에게는 침입자나 방해꾼으로밖에 느껴지지 않습니다. 방해가 별것 아니라면 무시하고 자기 시간을 고수하겠지만, 무시할 수 없게 되면 공격하기 시작합니다. 어디까지나 자신과 자신의 세계를 지키기 위한 공격입니다.

• '언제나 혼자'를 좋아하는 것만은 아니므로 요주의

그렇다고 해서 모두와 함께 노는 것을 꼭 싫어한다고는 할 수 없습니다. 그런식으로 놀고 싶어도 놀자고 청하는 법을 모르거나, 자기도 놀이에 끼워달라고 말을 거는 법을 모르는 아이도 있습니다.

또한, 유행하는 놀이의 규칙을 이해하지 못하거나 승패에 대한 감각의 차이로 인해 다른 아이들과 노는 것보다 혼자 노는 것을 택하는 경우도 있습니다.

● **많은 정보를 기억 속에 붙잡아두기 어렵다**

발달장애 아동들은 한 번에 여러 가지 질문을 받으면 혼란스러워져서 류타군처럼 '누가 자꾸 되물으면 꾸중을 듣는 느낌이 든다'고 느끼기도 합니다.

이것은 어떤 상황에서 계속해서 들어오는 자극을 일시적으로 기억에 머물게 하는 것(작업 기억)을 잘 못하는 특성과 관계가 있습니다. 여러 가지 지시를 들으면 그중 한 가지나 두 가지밖에 기억에 남지 않거나, 한 가지에 대해 생각하고 있으면 다른 것은 들리지 않게 됩니다.

예를 들면 '체육복을 입은 뒤 음악실에 가서, 원하는 악기를 가지고 교정에 집합'하라고 선생님이 지시를 했다고 합시다. 그러면

- 체육복으로 갈아입기만 하고 멍하니 있는 아이
- 악기에 대한 것으로 머리가 가득차서 옷도 갈아입지 않고 음악실로 급히 가는 아이
- 마지막 지시만 머리에 남아서 빈손으로 교정으로 나가는 아이
- 너무 여러 가지를 듣고 어찌할 바를 몰라 교실에 혼자 남아 있는 아이 등이 나오게 됩니다.

부모님의 마음 ❤ '이해해주고 싶을 뿐인데…'

● 타일러서 거부당하면 평정심을 잃는 것은 당연지사

아이를 이해하고 싶다는 마음은, 우리 아이에게 발달장애가 있든 없든 누구나 공통적으로 갖는 부모의 마음입니다. 거기에는 '이해해서 네 편이 되어주고 싶어'라는 마음도 포함되어 있겠지요. 따라서 아이가 '시끄러워', '귀찮아' 같은 말을 하면 부모는 안쓰러운 마음이 드는 한편, 화가 나기도 하는 것입니다.

● '성장의 증거'라고 이해할 수 있으면 가장 바람직

아이가 성장함에 따라 부모와 자식이 함께하는 시간은 한정되게 되고, 나아가 아이가 비밀을 갖게 됩니다. 가정에서의 모습과 바깥에서의 모습이 달라지게 되는 것입니다.

그러나 부모님의 마음은 변함없이 아이를 이해하고 싶기에 그만 자꾸 집요하게 확인하거나 다그쳐 묻거나 해서 아이와 충돌하고 맙니다. '어릴 때와 같이 무엇이든지 알 수는 없다'는 것은 사실은 성장의 증거입니다.

1 말을 걸어야 할 때는

발달장애 아동은 '갑작스러운 개입', '확인', '질문'에 동요하기 쉽습니다. 심호흡을 하고 부드러운 목소리로 말을 걸도록 합시다. "지금 당장 그만!" 하는 식으로 말하지 말고, 위의 예와 같이 '몇 분까지'라고 기한을 말해줍니다. 스스로 상황을 전환시킬 수 있도록 두번은 기회를 주어봅시다.

2 확인할 때의 원칙

아이가 말하고 있는 도중에 개입해야 할 때는 되도록 말을 끊기 좋은 부분까지 기다립시다.

확인이나 하고 싶은 말은 '한 번에 한 가지'를 명심합시다. 아이가 지쳐 있을 때는 반드시 지킵시다. 집중력이 저하되어 기억이나 상황 전환이 어렵기 때문입니다.

아이가 조용하고 안정되어 있을 때는 전달 사항을 약간 늘려도 괜찮을 수도 있습니다.

3 메모하는 습관을 들이자

귀로 들어온 정보를 잘 기억하지 못하는 아이도 있습니다. 시각 정보로 보완해줍시다. 메모를 냉장고 등에 붙이거나 포스트잇을 사용하면 효과적입니다.

메모는 짧은 문장이나 단어로 적고, 그림, 기호, 사진 등도 활용합시다.

△
부모가 메모하는 습관을 들이면 아이도
스스로 메모하게 될 수도 있습니다.

4 '다시 말해달라고 해도 괜찮다'는 것을 알려주자

류타군처럼, 다시 한 번 말해달라고 했다가 혼나는 거 아닌가 하고 오해하는 아이도 있습니다. "잘 모르겠으면 다시 말해달라고 해도 돼"라고 미리 알려주면 불안이 가벼워질 수도 있겠지요.

친절의 의미를 이해할 수 있을까?

혼자만의 생각에 사로잡히는 것으로 인해 주변 친구들과 잘 교류할 수 없는 문제가 일어났습니다.

초등 3학년 무렵 말하기·듣기가 제대로 되지 않는 것 외에도,

마치다, 류타에게 도구 빌려줄래?

엥… 또…

응

류타, 또 습자 도구 잊어버린 거야!

뭐?…항상 빌려주더니 **왜?!**

나 이제 빌려주기 싫어.

case 3 친절의 의미를 이해할 수 있을까?

그래서 류타군은 화가 난 채 오늘 글씨 연습을 하지 않고 책상에 엎드려 잤습니다.

깔끔한 마치다로서는 참을 수 없는 것이죠.

류타군은 붓을 깨끗이 빨았다지만

류타 때문에 학교에서 호출이나 전화가 오는 것은 늘상 있는 일입니다. 그럴 때마다 아주 한심한 기분이 들지만

정말 죄송합니다. 아들과 얘기해 보겠습니다.

왜 마치다한테 화를 내담-? 사과를 하는 게 먼저인데 말야.

아 진짜- 자기 생각만 하지 상대방 생각이라곤 조금도 할 줄 모르니 말야.

축 처져 있을 수만은 없습니다.

그리고 보통은 '항상 빌려줘서 고마워'라고 말해야 해.

그보다 '깨끗이 씻지 않아서 미안해'라고 말해야지.

이것 봐 마치다한테 류타. 화내다니 선생님한테 도대체 무슨 들었어. 경우야.

붓에 관한 것이 싫으면 '싫다'고 말해주지 않으면 몰랐던 거지.

초등학생 무렵의 나는 보통은 어떻게들 하는지 몰랐어.

20세의 류타

와 뭐래! 제멋대로 논리!!

나라면 붓이 더럽다 따위로 화내지는 않는데 말야.

탕 탕

게다가 친절이라든가 감사가 무엇인지 그 무렵의 나는 몰랐어…

흥 시끄러!

언제나 친절하게 대해주는 사람이 변함없이 계속 친절하게 대해주는 것은 아니란다.

류타의 행동에 따라 친절은 갑자기 끝나기도 하는 거야.

있잖아, 깨끗하다고 느끼는 정도는 사람마다 다른 거야. 류타가 깨끗하게 씻었다고 생각해도 마치다에게는 아직 더러운 상태였던 거지.

늘 친절하게 대해줬으니 '고마워'라고 감사 인사를 제대로 해야지 미움받지 않는 거야.

알겠어?

에엥―

뭣?!

음―…
친절을 받은 적이 없어서 몰라.

어응

색연필 죽 움직였어

혹시
도움받는 게 너무
당연해져서 친절을
깨닫지 못하나?!

지금까지
다들 그렇게
도와줬는데
자각을 못하는
거야?

마치다가
친절하다고
생각하지도 않고.
감사도 모르겠어.

뭐가
어째-?!

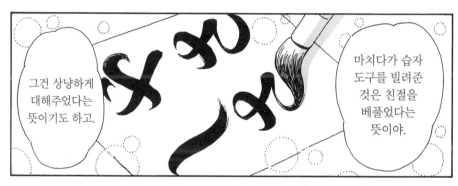

그건 상냥하게
대해주었다는
뜻이기도 하고.

마치다가 습자
도구를 빌려준
것은 친절을
베풀었다는
뜻이야.

감사한다는 건
'상냥하게 대해줘서
고마워'나 '도와줘서
고마워'라는 마음을

말로
전하는
것이야.

고마워

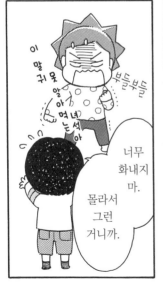

하지만 류타와 이렇게
대화한 덕분에 어긋난
혼자만의 생각이라든가
이해하지 못하고
있던 부분이 보이게
되었습니다.

후

안 되지 안
돼. 그만
자제심을
잃고
말았어.

친절이나
감사라는 것이
어떤 마음을
뜻하는지
구체적으로
이해하지
못한다.

자기가
부탁하지 않은
것은 감사
인사를 하지
않아도 된다고
생각한다.

한번 받은
친절은
그 후에도
계속된다고
생각하고
있었다.

진심으로
이렇게
생각했어.

류타의 경우는
의식적으로
가르치지 않으면
깨닫기 어려운지도
모릅니다.

여기
밥이에요

고마워

'친절', '감사'란
것이 무엇인지 일상
속에서 저절로 알게
된다고 생각했는데

자연스레 부모 흉내를 내는 게 아닌가 봐요.

독감

날이면

소꿉친구

다니구치가 학교에서 프린트를 가져왔어.

상냥함에도 여러 가지가 있으니까 누가 친절을 베풀었을 때 제대로 가르치자!

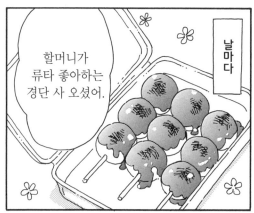

날마다

할머니가 류타 좋아하는 경단 사 오셨어.

음—

날도 추운데 일부러 와주다니 다니구치는 친절하구나.

누가 상냥하게 대해줬을 때는 말로 표현해서 전달하기로 했습니다.

응

할머니는 류타한테 상냥하시구나.

가인 작전

아… 깜빡했어.

매일 다니구치가 가방 들어주는데 고맙다는 말을 안 해?

그거 너무하다.

그런 식으로 되풀이해봐도 초·중학생 때는 류타의 성장이 눈에 띌 정도는 되지 않았지만

류타
중2
골절
상태

고등학생이 되자 받은 은혜라든가 다른 사람의 상냥함이 무엇인지 조금씩 알게 된 듯합니다.

다녀와. 고맙다고 인사하는 것 잊지 말고!

친구가 점심 사줬으니까 아르바이트로 번 돈으로 라면 한턱 내러 다녀올게!

시간은 아주 많이 걸리지만 다양한 상황에서 다른 사람의 마음을 깨닫도록 일깨우는 수밖에 없으려나~ 라고 생각했습니다.

후우

마에카와 선생님의 어드바이스

그들에게도 감사하는 마음이나 친절한 마음은 있습니다. 상황이나 말의 의미를 파악하지 못해서 제대로 표현하지 못하고 있는 것입니다.

아이의 마음 ♥ '애매해서 이해할 수 없는 게 너무 많아!'

● 의미가 문맥에 따라 바뀌는 단어는 이해하기 어렵다

발달장애가 있는 아이들은 형용사, 부사의 의미를 문맥에 맞춰 이해하는 것을 어려워합니다. '보통', '상냥하다', '친절하다', '느긋하게', '곧'과 같은 말은 상황에 따라 의미가 바뀔 수 있기 때문입니다.

예를 들어 전철역 플랫폼에서 듣는 '곧 열차가 도착하겠습니다'라는 안내방송은 1~2분 후를 가리키지만, 임신 중인 어머니가 '곧 동생을 낳는다'는 것은 다음 달을 의미하기도 합니다.

여기에다, 속으로 '내가 부탁한 게 아냐'라고 생각한다면 류타처럼 상대방의 행위를 친절로 받아들이지 못하는 경우가 생기기도 하는 것입니다. 때로는 '나 스스로 할 수 있었는데. 왜 그런 짓을 하는 거야'라고까지 생각하는 경우도 있습니다.

따라서 자기가 좋아하는 트레이딩 카드(캐릭터나 인기인 등의 사진이나 그림이 들어간 카드-옮긴이)를 어른이 사주는 것에 대해서는 '상냥하다'고 이해할 수 있어도, 친구가 붓을 빌려주는 것에 대해서는 그런 식으로 이해하지 못하는 경우가 있는 것입니다.

● 구체적인 어드바이스가 아니면 이해하지 못한다

어른들은 남들에게 상냥하게 대하라는 조언을 흔히 하지만, 상냥한 행동의 기준이 상황에 따라 달라지기 때문에 발달장애 아동에게는 애매함이 해소되지 않습니다. 그러므로 어떻게 해야 할지 어리둥절해하거나, 특정 상황에서 상냥하다는 말을 들었던 행위를, 현재 상대방이 필요로 하는지 여부와 관계없이 함으로써 상대방을 당혹스럽게 만드는 경우가 있습니다.

그럴 때 어른은 이해하기 쉽게 하려고 '상대방이 좋아하는 것을 하면 된단다'라고 재차 조언하기도 하지만 아이들은 더욱 난감해집니다. 자기가 좋아하는 것은 떠올릴 수 있지만 상대방이 어떻게 하면 좋아할지 감이 잡히지 않기 때문입니다.

● 감사하는 마음이나 상냥함은 있지만 표현을 잘 하지 못한다

발달장애가 있는 아이도 상대방을 기쁘게 하는 데 무관심한 것은 아닙니다. 누군가 어려움을 겪고 있으면 돕고 싶다는 생각은 있습니다. 또한 고맙다고 말하지 못하더라도 감사하는 마음이 전혀 없는 것은 아닙니다.

마음을 잘 표현하지 못하는 이유는 여러 가지가 있을 수 있습니다. 예를 들면, 단순히 어떤 시점에 어떤 식으로 감사 인사를 하면 좋을지 모르는 경우도 있을 것입니다.

또는, 고맙다는 인사를 하는 것에 별다른 의미를 느끼지 못하는 아이도 있습니다. 감사를 표현하는 말을 통해 다른 사람과의 관계가 유지된다는 것을 잘 이해하지 못하는 것입니다.

여기에는 발달장애의 특성이 관계되어 있을지도 모릅니다. 그들은 상상력이나 공감능력이 한 쪽으로 치우쳐 있거나, 혼자만의 생각에 사로잡혀 시야가 좁기 때문에 상대방의 입장이 되어보거나 헤아려보는 것에 서툰 것입니다.

부모님의 마음 ♥ '쌀쌀맞은 사람으로 자라는 것이 아닐까 걱정…'

● 본인의 양육방식이 비판받지 않을까 불안

부모님은 아이가 장래에 고립되고 마는 것이 아닌지 걱정이 되는 한편, 주위 사람들이 '부모는 뭘 하는 거야', '애를 잘못 키웠어'라고 생각하지는 않을지 신경이 쓰이기도 할 터이지요.

이 세상에서 살아가는 이상, 인간관계로부터 자유로울 수는 없습니다. 좋은 관계를 쌓아 친구들을 많이 만들었으면 하고 바라는 것이 부모 마음입니다. 그러기 위해서도, 다른 사람의 마음을 헤아리는 것이나 상냥함에 감사하는 것은 중요합니다.

특히 감사는 말로 표현하지 않으면 전해지기 어려우므로 부모님은 '감사 인사했어?' 등과 같이 잔소리하듯 확인하고 마는 것입니다.

1 추상적인 것은 구체적이고 눈에 보이는 행동으로

냥코씨의 '누가 친절을 베풀었을 때 착실히 가르치자'는 멋진 생각입니다. 부모님이 일상 속에서 상냥한 행동을 하거나, 친절에 대해 고맙다고 분명하게 표현하는 것도 구체적으로 이해하기 쉬운 본보기가 되어 기억에 머물기 쉬워집니다.

감사함다

고개를 숙이면서 감사합니다! 라든가

여러 가지 '고마워'가 있단다.

기뻐서 땡큐~ 라든가

△
'친절하게 대해줘서 기쁘다'는 기분이 동반된 기억은 아이 마음속에 남아 대인관계에 대한 신뢰감을 길러줍니다.

2 감사의 표현 방법을 일정한 형식으로 가르친다

마음을 담아서 표현하지 못하는 것은 관대하게 봐주고, 우선 형식을 익히는 것도 중요합니다. 다음과 같이 해보시기 바랍니다.

- 도움을 받으면 우선 '고마워'라고 말하도록 가르친다.
- 감사인사의 여러가지 표현법을 아이와 말해보고, 본인이 말하기 쉬운 방법을 찾아본다.

3 부모님이 차분해지는 것도 중요 천천히 호흡해봅시다

아이에게 바보라고 소리지르고 싶은 기분 잘 압니다! 하지만 소리지르는 것은 마음속으로만 합시다. 부모님 본인이 마음을 진정시키지 못하면 아이에게 전하고 싶은 말이 가 닿지 않습니다. 다음과 같이 해봅시다.

① 눈을 살짝 감고 '진정해, 진정해'라고 스스로에게 말한다.
② 코로 호흡하며 1, 2, 3, 4에 천천히 들이쉬고, 1, 2, 3, 4에 천천히 내쉰다. 반복한다.

진정해

진정해

1 2 3 4

case 4
'미안해'를 못하는 건 왜?

류타는 '고맙다'는 말을 못 하는 것 외에도 이런 문제로 저를 난처하게 했습니다.

어린이집 5살 무렵

잘못했으면 사과를 해야지.

아…어머님, 화내지 마세요.

류타는 정말이지 항상 사과를 안 하는구나.

침묵

'미안해' 는?

← 장난감을 던져버렸음

어릴 때부터 '잘못했다'는 말을 절대 하지 않았습니다.

류타도 반성하고 있을 테니까 댁에서 야단치지 마세요.

정말 죄송합니다.

순순히 사과하기가
쑥스러운 걸까?

크면 달라질까? 하고
생각했지만…

류타
초등
4학년
여름

이 프린트 돌리고
나면 일 끝나니까
류타가 어떻게
지내는지 보러
가볼까.

학부모회
일
보는 중

도서실 책은
모두의 것이야.
소중히 다뤄야
해.

제대로
줄서서
차례를
지켜야
하잖앗.

누가
혼나고
있네.

설마 우리
애가-!!

사서
선생님께
제대로
사과해!

도서실

침묵

…

왜 사과 안 해?! 네가 잘못한 거야.

안 좋은 상황에 맞닥뜨려버렸네. 류타 얘는 무슨 일을 저지른 거야?

두근

두근

두근

서실

앗, 어머님. 안녕하세요.

저~ 류타 엄마입니다~

반성하고 있나?!

큰일났다! 조개처럼 꼭 다물었네. 선생님들을 난처하게 만들게 생겼네.

무슨 일이 있어도 열지 않을 거야.

탕ー

저희 애가 또 무슨 일을 저질렀군요?! 사과를 제대로 못하는 아이라 죄송합니다.

화가 나서 책을 험하게 다뤘기 때문에 이렇게 되었어요.

류타가 대출하는 쪽에 줄 서지 않고 끼어들어서 주의를 줬더니

case 4 '미안해'를 못하는 건 왜?

단 호

책을 책상에 탕-하고 내려놓은 것도 일부러 그런 거 아냐.

그러니까 난 잘못한 거 없고

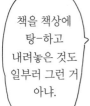

딩─동 뎅─동

뭐야~ 이 줄에 서는 거야.

쉬는 시간이 끝나버리네!

엥~ 몰랐다고.

나는 줄서 있었는데.

거기는 줄 서는 데가 아니에요. 이쪽에 줄 서세요.

뭣 때문에! 내가 먼저 왔는데!

새치기는 안 됩니다! 제대로 다시 줄을 서세요.

나는 다른 애들보다 먼저 기다리고 있었으니까.

빨리 빌려야 해.

에구…

뭐?

반성이 뭐야?

'반성해' 하고 흔히들 말하지만

쿠쿠쿠

진짜가- 스무살인데.

충격적 사실!!

아니, 잠깐 설마.

반성이 무엇인지 이제껏 몰랐다는 거야?!

몰라. 누가 가르쳐준 적도 없고.

그렇구나. 그게 반성이구나아~

'이건 잘못했다' '그런 말을 해선 안 됐다' 등으로 생각하는 거야.

자신이 잘못한 행위를 돌아보고

반성이라는 것은 같은 잘못을 두 번 다시 되풀이하지 않도록

음.

!!

이게
정말입니까.

긁적긁적

해본
적
없네.

그랬나?

어제
학원 숙제
가져오는 거
잊어버렸지.

생각도 안
나는 일로
혼나도
무슨 일인지
모르겠고

엄마가 곧잘
지난 일을
다시 들추며
야단을
치지만

하나하나
되돌아보며
생각하는
것 따위는
하지
않았어.

지나버린
일은
어찌되든
상관없다고
여겨서

뭐-

'그건 피장파장
아니냐고?!'
싶은 일에 일일이
사과하기 싫어.

'사과해', '반성해'라고 해도
'왜 나만 나쁜 거야?' 싶은
것들이 대부분이야.

게다가 사과하라고 하면 할수록 하기 싫어진단 말이지.

사과하기 싫은데 거짓으로 사과 따위 해봐야 의미가 없지 않나 싶은데.

네가 나빠!!

사과해!

힘에 굴복하고 싶지 않아!

말투에 악의가 있는 사람에겐 절대 사과하고 싶지 않지만 말야.

지금이야 아르바이트 하는 데서는 사과하고 있으니까 괜찮대도.

그래도 그러면 사회에 나가서도 다른 사람과 부딪히니까 어느 정도 스스로 굽히고 사과하는 게 이득이야!

나는 잘못 없다고.

이 자식

여러가지 이유를 대는 건 고집 때문일까?

아― 어려운 아이구나.

사과해도 잘못한 사실은 사라지지 않으므로 사과하는 것에 의미가 없다고 생각한다.

나만 잘못한 게 아닐 때는 사과하지 않아도 된다고 생각한다.

사과하라는 말을 들을수록 사과하기 싫어진다.

일부러 한 행동이 아니면 사과하지 않아도 된다고 생각하고 있었다.

사고방식이 어린 건지 너무 모가 났어.

그—런 건가.

사과할 때 미안한 듯이 하면 반성하는 것처럼 보여.

해 봐.

다른 사람과 함께 잘 지내도록 싸움도 하지 않게 되었으면 합니다.

좀더 처세에 필요한 토막지식을 살짝 가르칠까. 되도록 적을 늘리지 않고 살았으면 좋겠거든.

아하하하.

72

반성하는 척해봤다

눈물 작전

마에카와 선생님의 어드바이스

상황을 넓게 파악하거나 상대방의 입장에서 보는 것이 서툴기에 사과하는 의미를 이해하지 못하는 것입니다.

아이의 마음 ♥ '나쁜 뜻은 없었어. 그러니까 잘못이 아냐!'

• '일부러 그런 게 아니'니까 사과하기 싫어

발달장애가 있는 아이가 사과하지 못하는 것은 왜일까? 그 이유로 우선 생각할 수 있는 것은 '상황 전체를 잘 보지 못한다'는 특성입니다. 상황 전체가 파악되지 않기 때문에, 상대방이 슬퍼하거나 화를 내도 그 원인을 자신의 행동에 연결짓지 못하고 '일부러 그런 게 아냐'에서부터 '난 잘못하지 않았어'라고까지 주장하기도 합니다.

예를 들어 학교 급식시간을 떠올려보시기 바랍니다. 책상과 책상 사이 좁은 공간을 발달장애 아동이 지나가려고 합니다. 그런데 몸이 부딪혀 친구의 책상 위 우유병을 넘어뜨리고 말았습니다. 순식간에 우유가 흘러넘칩니다.

이럴 때 우리들이라면 즉시 "미안!" 하고 사과하겠지요. 그러나 넘어뜨린 아이는 사과하지 않습니다. '일부러 넘어뜨린 게 아냐. 책상과 책상 사이의 틈이 좁았던 게 문제였으니까 어쩔 수 없잖아'라고 생각합니다.

● 원인이 다른 데 있다고 확신하고 사과하지 않는 경우도

또한 어떤 아이는 친구에게 빌린 새 지우개를 절반으로 쪼개버렸습니다. 너무 세게 지운 것이 원인입니다. 울상을 짓는 친구 옆에서 지우개를 쪼개버린 아이는, "어려운 글자를 쓰게 한 선생님 잘못이야"라고 말했습니다.

이 아이의 경우는 '제대로 못 써서 지워야 했다', '심술이 나서 반으로 쪼갠 게 아냐'라고 확신하고 있으므로 미안하다고 말하지 않는 것입니다. 남 탓으로 돌리는 것은 아니고, '내 탓은 아니다'라고 생각하고 있을 뿐입니다.

● **정의감이 지나치게 강해서 사과할 수 없는 경우도 있다**

발달장애가 있는 아이도 선악이나 옳고 그름은 이해합니다. 오히려 그 구별을 외골수로 지키려고 해서 융통성이 없다는 소리를 듣는 일조차 있습니다. 때로는 그런 규칙에 대한 관념이 지나치게 강해서 잘못을 저지른 스스로를 용서하지 못하고 굳어져버려 결국 사과할 타이밍을 놓치는 경우도 있습니다.

● **사과를 하는 의미를 이해하지 못하는 아이도 있다**

사과하지 않는 케이스와는 대조적으로, 걸핏하면 '미안해'라고 금세 기계적으로 말하는 아이도 있습니다. 그런 아이에게 사과는 어른의 꾸지람을 피할 수 있는 마법의 주문입니다.

다만, 구체적으로 무엇을 잘못했는지 모르기 때문에 말만 그럴듯하게 한다고 더 혼나고 만다는 문제가 있습니다.

● **언어의 의미를 제대로 알지 못하는 경우도 있다**

발달장애가 있어도 언어능력은 우수한 아이가 있습니다. 이런 아이는 어휘가 풍부하여 어려운 표현을 일상회화 속에서 사용하기도 합니다만, 당연히 알고 있을 것이라고 누구나 생각하는 쉬운 단어를 모른다거나, 의미나 사용법을 오해하고 있는 경우가 있습니다.

만화에서는 류타가 '반성'이라는 말의 의미를 모른다는 사실에 냥코씨가 충격을 받습니다만, 단어가 구체적인 경험과 결부되어 있지 않은 경우도 있기 때문에 주의가 필요합니다.

부모님의 마음 ♥ '사과를 못하는 건 내가 잘못 키운 탓?'

● 발달장애가 주된 원인. 너무 괴로워하지 마세요

미안하다고 사과하는 것은, 실수나 잘못을 저질렀을 때 화해를 촉구하여 인간관계를 원만하게 지속시키는 데 중요한 의사소통입니다. 그러므로 부모님으로서는 잘못을 인정하고 '다음부터는 조심할게'라고 반성하는 마음을 담아 제대로 사과하기를 바라는 것입니다.

하지만 아이는 그런 부모 마음 따위는 개의치 않고, 분명히 잘못을 했는데도 '나는 잘못 없어'라고 주장하거나 마음에도 없는 말뿐인 사과만 하기도 합니다. 부모님으로서는 '내가 아이를 잘못 키운 탓인가' 하고 고민할지도 모르지만, 아이가 사과를 잘 하지 못하는 것은 발달장애의 특성에 따른 원인이 큽니다.

1 적절한 행동을 가르치자

심하게 꾸짖어서 사과하게 하면, 그 당시에 느낀 불안한 감정과 사과가 결부되어 불안을 느끼기만 하면 사과를 하는 버릇이 생기는 경우도 있습니다. 중요한 것은 '잘못을 저지르지 않는 것'이 아니라 '잘못을 깨닫는 것'과, 적절한 행동을 배우는 것입니다. 차분한음성으로 지적하고, 올바른 행동을 가르칩시다.

다른 사람과
부딪혔을 때는
'부딪혀서 죄송합니다'
라고 말할 수 있으면
좋겠구나.

2 무엇이 문제인지를 구체화한다

어떨 때 사과를 하는지 일상생활 속에서 구체적으로 알려줍니다. 또한 '미안합니다' 뿐만 아니라
- '~는 이제 하지 않겠습니다'
- '~를 해서 죄송합니다'

와 같이 아이가 구체적인 행동을 스스로 말로 표현해 사과하도록 가르칩시다. 무엇이 문제인지를 깨닫도록 일깨우기 위해서입니다.

△
상대방이 '화내면/ 슬퍼하면 사과해'라는 설명으로는
문제의 본질이 와 닿지 않습니다.

3 아이의 주장을 듣는 것도 중요

어른은 흔히 '변명하지 마'라고 하지만, 아이가 하는 말에 귀를 기울이는 것도 중요합니다. 그럼으로써,
- 그 아이가 세상을 어떻게 보고 있는지 알 수 있다
- 이야기하는 사이에 아이 스스로 겪은 일을 정리할 수 있게 되거나 자기 모순을 깨닫기도 한다

등과 같은 효과를 기대할 수 있기 때문입니다. 어른이 '문제행동'의 배경을 찾으려고 하는 자세는 매우 중요합니다.

어?! 에미가
다 잘못한 게
아닐지도?!

에미가 갑자기
화내면서 말야.
나한테 뭐라고
하면서 와서
말야. 그래서
내가 말이지

4 부모님이 사과의 본보기가 되자

부모님도 생활 속에서 잘못을 할 때가 있습니다. 그럴 때 스스로 '~를 해서 미안해', '~하지 않도록 주의할게' 등 사과하는 태도를 보입시다.

학교에서
왜 항상 혼날까?

case 5

초등
4학년
무렵

알겠어?
학교에서는 되도록
조용히 지내서
눈에 띄지 않게
하는 거야!

학교에 갈 때
엄마는 매번
말했었지.

으~음

함부로 나서거나
소란을 피워서 눈에
띄면 시비 붙기
쉬워지니까 조심해.

으음.
그건 약속
못하지~

다녀올게

잘
다녀와.

그리고
수업은
제대로 들어.

마치 내가
잘못하는
것처럼 말해.

난 특별히 눈에
띄는 짓 안 해.

80

뭐야,
이게.

휙
휙

으악─

꽉─
꽉─

그냥 내버려두란
말야. 남이 하는
일에 이러쿵저러쿵
하지 마. 짜증난단
말얏. 꺼져,
멍청아.

반 친구의
간섭이 도무지
견딜 수 없게
되지.

시끄러─
멍청이는
너야.

이건
위협만 한
거라고.

던질
생각은
없었어.

류타,
그만둬.
던지지 마.

임마,
그만둬!
위험하잖아.

으악,
큰일났다─

의자를 휘두른 것 때문에 더 이상 무슨 말을 해도 완전 내가 나쁜 아이.

그렇다 쳐도 지나친 거얏.

내가 잘못한 거 아니에요. 싸움 건 건 저쪽이라고욧.

너무너무 열 받아서

그런 험담하는 네 쪽이 기분 나빳.

남이 읽고 있는 책을 나쁘게 말하고 참견을 하니까

기분 나쁜 책 읽는 녀석 기분 나빠~

뭐야, 그 책 호러야? 기분 나빠.

나는 책을 읽고 있었을 뿐인데

무지 좋아하는 〈호러 버스〉

그게 뭐가 잘못된 거야?

왜 그래?

뭐야 뭐

왜 그래?

네가 하고 있는 건 나쁜 행동이라고 받아쳤을 뿐이야.

시끄 럽네~

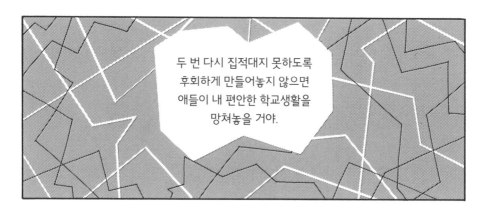

두 번 다시 집적대지 못하도록
후회하게 만들어놓지 않으면
애들이 내 편안한 학교생활을
망쳐놓을 거야.

전혀
이해해주지
않았어.

싫은 일을
당한 건
이쪽인데

우선
진정해.

스스로를 지키기
위해 열심히
싸우는 게 잘못된
거야?!

왜
나만 혼내
나고요.

이런
건 이상
하다
고요.

그
자식이
잘못한
건데

이런 일이
많이 있어서

선생님께
설명해도
이해해주지
않고

뭘 해도
혼나니까
이제 신경 안
쓰기로 했어.

난 공부도 운동도 못하고 잘하는 게 아무것도 없으니까

뭐 지금도 학교에서는 가끔 그렇지만.

진짜 매일 누군가가 간섭해서 짜증났단 말야.

자동차 정비 학교에 다니는 중

초·중학교 때는 싸움만은 지고 싶지 않다고 생각했어.

남한테 이길 게 그것밖에 없으니까 싫은 일이 있어도 꼭 학교는 가려고 했지.

힘들어서 쉬면 그건 지는 게 되니까

지금 초등학생한테는 힘들면 쉬어버리라고 말하겠네.

'지지 않겠어-!' 하고 애썼지만 학교 쉬면 좋겠다고 자주 생각했어.

짜증 폭발

학교 가기 싫어.

안정되어 공부할 수 있는 환경이 아니었어.

여러가지로 힘든 일 투성이였구나.

컨디션이 괜찮은 동안에는 갈거야.

지금도 고민할 정도로 힘든 일이 있으면 학교 그만둬도 돼.

학교에 무리해서 가지 않아도 됐을지도 몰라.

간섭받지 않는 학급이라면 짜증내지 않고 지냈을지도 몰라.

이제 와서 이런 말하기도 뭐하지만 소수 인원으로 조용한 교실에서

아르바이트 하는 데는 좋은 사람들뿐 이니까

즐겁게 하고 있어

그렇구나. 스트레스가 적은 곳이라면 온화해질 수 있을지도.

이야기를 누가 들어주거나 칭찬해주면 좀 더 잘 할 수 있을 것 같구나.

커서 알게 된 것이지만 힘든 일이 있어도

학교생활에서 고통을 느끼고 혼란스러워하고 있는 것입니다.
'가해자' 취급을 받을 수도 있고 '피해자'가 되는 케이스도 있으므로 주의!

아이의 마음 ♥ '아무도 이해해주지 않아. 학교는 괴로울 뿐!'

● 부적절한 행동에는 그 아이 나름대로 이유가 있다

발달장애 아동은 '악의'가 있어서 트러블을 일으키는 것은 아닙니다. 상상력이 한 쪽으로 치우쳐 있거나, 자기 관점에만 사로잡혀 세상을 보기 때문에 다른 사람의 입장에 서지 못하고 부적절한 행동을 하고 마는 것입니다.

류타의 경우는 거친 행동이 문제가 되었습니다만, 그 밖에도 상황에 따라 말을 해도 되는 것과 안 되는 것을 구별하지 못하여 다른 사람에게 상처를 주고 마는 경우가 있습니다.

예를 들면, 텔레비전의 개그 프로그램에서 흔히 사용하는 '대머리', '뚱보' 같은 말을 같은 반 친구에게 사용해서 '이건 괴롭힘'이라고 혼난 아이도 있습니다.

본인은 웃겨보려고 했을 뿐이거나, 있는 대로 말한 것뿐이므로 나쁜 짓을 했다고 느끼지 않습니다. 그러나 주위 사람들이 보기에는 다른 사람을 상처 주는 것으로밖에 보이지 않기 때문에 남을 괴롭히고 있다고 간주되어 야단을 맞게 되는 것입니다.

이 아이들에게는 그들 나름대로 행동의 이유가 있지만, 주위 사람들에게 그것을 이해받지 못하고 그저 야단만 맞는 경험이 거듭 쌓여가게 됩니다. 그러면 아이는 '모두 나를 싫어해', '내가 있는 게 민폐구나'라고 괴로워하거나, '나만 갖고 그래' 하고 피해의식이 점점 심해져 선생님이나 반 친구들이 오히려 자기를 괴롭히고 있다고 호소하기도 합니다.

● **감각자극이 지나쳐 피로를 느끼면 안정되지 못한다**

또한 그들에게는 '컨디션이 나쁜 날'이나 '컨디션이 나빠지는 장소'가 있습니다.

아이들에 따라 다양하지만 예를 들면 '태풍이 다가오는 시기', '보름달이 뜬 밤', '부모님이 싸운 날', '습도나 온도가 높은 날', '감각 자극이 많은 장소(혼잡한 곳, 소리가 울리는 장소, 형광등이 눈부신 방, 벽에 게시물이 잔뜩 붙어 있는 장소 등)'에서는 '특히 말귀를 잘 못 알아듣는다', '집중할 수 없다', '안절부절 못한다'는 일이 발생합니다.

여기에 앞서 지적했던 피해의식이 합해진 결과, 자신을 지키고자 류타처럼 의자를 치켜드는 등 싸울 태세로 나오는 경우가 있습니다.

마에카와 선생님의 어드바이스

● 피해자인 상황인데 본인이 깨닫지 못하는 경우도

발달장애 아동은 누가 같이 놀자고 꾀어서 부려먹거나 돈을 뜯어내도 본인은 괴롭힘을 당하고 있는 줄 모르고, 친구로서 함께 놀고 있는 것뿐이라고 생각하는 일이 있습니다. 이런 경우는 다른 사람의 악의에 생각이 미치지 못합니다.

그러므로 본인보다 먼저 주위 아동이 어른에게 상담을 해서 괴롭힘이 드러나기도 합니다. 그러나 일본의 괴롭힘(이지메)의 정의에서는 '괴롭힘을 당하고 있는' 측이 정신적 고통을 호소하고 있는지 여부가 중요하기 때문에 사실을 알아도 '본인이 고통을 호소하지 않으므로 괴롭힘이라고는 할 수 없다'고 생각하는 선생님이 있습니다.

● 등교 거부는 자신을 지키기 위한 최종수단

이렇게 발달장애가 있는 아이는 '가해자'도 '피해자'도 되기 쉬워 학교생활로 스트레스를 받는 경우가 있습니다.

그러나 학교라는 것이 매일의 습관 가운데 일부가 되어 있어서 꼭 가야만 하는 곳이라고 생각하고 있으면, 누가 '쉬어도 돼'라고 해도 쉴 수가 없습니다. '등교 거부'는 더 이상 스스로를 지킬 수 없다는 한계에 다다른 결단일 수도 있습니다.

부모님의 마음 ♥ '나한테 문제가 있는 것일까…?'

● 장래를 생각하면 불안해진다

발달장애가 있는 아이는 감정을 적당히 조절하는 데 서툴러서 흥분하면 점점 극단으로 치달아버리는 경우가 있으므로, 부모님으로서는 '이 아이가 장래에 사건을 일으키지나 않을까' 하고 걱정하게 됩니다. '내 양육방식이 잘못되었나' 하고 자신감을 잃는 부모님도 있으나, 온화하게 대해도 폭력적인 언동을 보이는 아이는 있습니다.

● 아이가 피해자여도 냉정하게 대처하기는 어렵다

반대로 괴롭힘을 당하거나 놀림을 당하는 상황을 듣는 것도 부모님으로서는 괴로운 일입니다. 학교에 민원을 넣고 싶어지기도 하고, 아이한테 '정신차려' 하고 다그치기도 하겠지요. 아이에 대한 절절한 염려에서 비롯된 대응이 '극성맞은 부모로 보이진 않았을지', 혹은 '아이에게 괜히 더 상처 준 것은 아닌지' 스스로를 책망하기도 할 것입니다.

1 학교와 힘을 합하자

학교에서 야단 맞는 일이 많은 것은, 그곳에 스트레스의 원인이 있기 때문일지도 모릅니다. 학교의 집단생활에서 배울 것이 많은 것은 사실이지만, 감각자극이 너무 많은공간에 아이를 억지로 익숙해지게 하려고 해서는 안 됩니다.

우선은 이 아이들이 피로해지기 쉽다는 것을 이해합시다. 그리고 학교측과 대화하면서 교내에서 안심하고 지낼 수 있는 장소나 시간을 만듭시다.

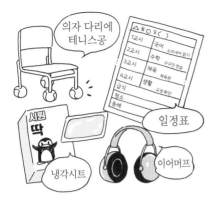

△
테니스공을 의자 다리에 끼우면 의자를 끌 때
나는 소리를 줄일 수 있습니다.

2 도구를 이용해서 아이의 부담을 경감

　왼쪽 그림과 같은 물건이나 도구를 도입함으로써 아이의 부담이 줄고, 안정되어 생활할 수 있게 되는 경우가 있습니다.

　불안한 환경에서도 스스로 컨트롤할 수 있다는 느낌은 자신감으로 이어집니다.

3 긍정문으로 구체화하자!

　'안 돼!' 하고 행동을 부정하기만 하면 아이가 혼란스러워합니다. 사회 속에서 '바람직한 행동'을 구체적으로 긍정문으로 알려줍시다.

　폭력 등 위험한 행위를 하는 경우에는 우선 그 행동을 멈추게 하고, 흥분이 가라앉고 나면 옆의 그림과 같이 '바람직한 행동'을 알려줍니다.

△
'바람직한 행동'만 가르쳐주는 편이 더 잘
이해되는 아이도 있습니다.

4 '노력하고 있는 것' '힘들어 하고 있는 것'을 이해한다

　학교에 가기 싫다고 하는 아이에게는 '노력해'가 아니라 '노력하고 있었구나'라고 말해줍시다. 아이가 괴로운 심정을 말하면 조언을 하기보다는 '그렇게 힘들어하고 있었구나'라고 마음을 받아주는 것이 중요합니다. 아이도 힘들어하고 있다는 관점을 잊지 마세요.

다른 사람의 마음을 이해할까?

그럴 땐 '오래 가지고 있어서 미안해'라고 해야지.

어? 그래?

뭐야~ 왜 갑자기 화내고 그래?

이 녀석아

'자, 게임'이 뭐야!

괜찮아. 딱히 화내지 않았고.

'미안해'라든가 '고마워'라든가 말하지 않으면 다니구치 입장에선 기분 상할 거 같아.

으~음. 그런 거야?

원래는 네가 돌려주러 가야 하는데 다니구치가 가지러 와 준 거야. 무슨 말 한마디 없는 건 예의가 아니지.

그런 게 아냐!

다니구치는 보통 화를 별로 안 내.

그럼 기억해 두란 말얏. 이럴 땐 '오랫동안 고마웠어'라든지 '금방 돌려주지 못해서 미안. 게임 재미있었어'라든가 '네가 오게 해서 미안해' 등으로 말하는 거라고요.

그런 건 뭐라고 말하면 되는지 몰라.

일부러 와 줬는데 감사 인사 한마디는 덧붙여야 한다고! 그런 얘기야.

이런 말은 말야. 늘 다른 사람의 마음을 생각하려고 하면 자연스럽게 나오는 건데 말야~

으~응. 그렇자….

그거 기억할 수 있을지 자신 없어.

류타에게는 상대방을 배려하는 마음이 없어.

엥~무리야…. 다른 사람 마음 같은 건 생각 못 하겠어.

뭐라고라.

다른 사람에게 별로 흥미가 없으니 마음을 주고받을 필요를 못 느끼는 걸까?

이제 됐어? 게임하려고

다른 사람에 대한 상상력이 부족한 걸까?!

그러고 보니!

이런 건 어떻게 가르쳐야 좋을까?

순순히 말을 듣지 않을 나이도 됐고

요즘 애들은 메일이나 인터넷의 영향으로 드라마를 보는 일이 줄었습니다.

그 탓인지 다른 사람의 마음을 알아채기 어렵게 되었습니다.

특수학교 교사 경험이 있는 선생님

얼마 전에 취재 차 만났던 고등학교 선생님이 말씀하셨던가.

응, 좋아.
보고 싶어!

젊은
시청자를
겨냥한
청춘 SF
드라마니까
재미있을
거야!

그날부터 주3회
1화씩 여러
드라마를 보기로
했습니다.

학원 안
가는
날에
1화씩
보자.

응.

이해하기 어려운
표현이나 어려운
대사는 엄마가
가르쳐줄 테니까.

아아, 그건
말야.

있잖아,
심한 짓을
당하고 있는데
저 사람 왜
화를 안 내?

하
하
하

친구를 위해서
일부러 심하게
말하고 있는
거야.

저기, 이
사람 나쁜
사람이야?

변함없이
엄마표 해설을
계속하고
있었더니

이 아버지는 말이지,
딸이 남자친구와
데이트하러 가는
것을 좋게 생각하지
않는다는 표정이야.

괜찮아.
그 정도는
아니까.

다른 사람의
마음을
이해하게 된
건가?

어머,
그래.

안녕하세요.
스무살
류타입니다.

훅

표정이나 목소리,
안색에서 감정을
읽을 수 있게
되었을지도?!

하고
기대했습니다만
그것과는 좀 다른
모양입니다.

　　case 6 다른 사람의 마음을 이해할까?

단어의 종류나 표현법을 기억하고 있었지.

오호~ 이럴 때는 이렇게 말하는 건가.

지난 번에는 잘못했어. 아무것도 모르고 지나친 말을 했어! 미안해.

이 무렵은 드라마를 보고 사람의 감정 패턴을 외우고 있었어.

직설적으로 말하지 않는 화법이 있는 거군!

일부러 웃기게 말하거나 말을 돌려서 알아듣기 어렵게 말하거나

이런 것도 깨달았어.

이렇게 생각하거나

불타는 우정이네, 이 녀석들. 화내고 있지만 상대방을 걱정해서 말하는 패턴이군.

너라면 말할 수 있었겠느냐!

바보야— 그런 중요한 일을 말 안 했던 거야!

드라마에 나온 대사로 자신이 쓸 수 있을 만한 말을 패턴으로 기억하고 있었던 느낌이랄까.

감사합니다. 큰 도움이 되었습니다.

모르는 사람이 길을 가르쳐줬을 때

미안. 깜빡했어. 다음에 벌충할게.

친구와의 약속을 잊었을 때

이럴 때는 이렇게!

이럴 때는 이렇게 말한다

마음의 노트

실제로는 곤란해한다 · 슬프다 · 고민하고 있다는 건 확실히 아는 사람일 때만 알아차릴 수 있는 것이지만

다음주에 사람이 없는데 나와줄래?

점장님 무척 곤란해하고 계시는구나.

좋아요. 수요일을 제외하면 나올 수 있어요!

자신을 필요로 해주거나 호의적으로 생각해주는 사람들과 만나

학교 외의 장소에서 알게 된 사람과 이어져서

고2 첫 데이트

류타는 학교 외의 장소에서 만난 사람들의 영향으로 바뀐 쪽일까?

응, 그럴지도.

기분 나쁘게 만들지 않는 말투를 사용해야 한다고 생각하기 시작한 것 같아.

친구를 화나게 만든 원인이 무엇이었을까?

초·중학교 때는 사이좋은 녀석 외에는 모두 적이었으니까

나한테 적의를 보이는 인간들 속에서 남한테 상냥하게 대하자는 생각 따위 하지 않았지.

마음이 성장한다는 건 역시 사람이나 환경에 좌우되는구나~

류타는 남을 배려하는 마음이 없는 것이 아니라 마음의 성장이 느렸을 뿐일지도 모릅니다.

다른 사람의 마음? 알 리가 없잖아.

서로 돕거나 격려하거나 좋은 경험을 쌓는 장소에 자꾸 나가서

다양한 사람들을 만났으면 합니다.

이 아이들은 정이 없는 것이 아닙니다. 다른 사람의 마음을 파악하는 것이 서툴기에 시간이 걸리는 것입니다.

아이의 마음 ♥ '보이지 않으니까 모르겠어!'

● 보이지 않는 것은 없는 것과 마찬가지

발달장애 아동은 '보이지 않는 것'에 대해 잘 이해하지 못하는 특성을 가지고 있습니다. 마음은 원래 보이지 않는 것이기에 그들에게는 이해하기 어려운 것입니다.

우리는 상대방의 표정으로 마음을 파악하지만, 발달장애가 있는 아이가 보자면 얼굴에는 눈, 코, 입, 뺨, 그리고 그것들의 움직임 등, 많은 정보가 넘쳐서 '어디를 봐야 할지' 모릅니다. 학습하는 데도 시간이 걸립니다.

게다가 얼굴은 이야기하는 도중에 자주 움직이는데, 발달장애 아동은 그 얼굴의 움직임을 보고 있으면 피로를 느낍니다. 그래서 얼굴을 보지 않으려 하기도 하는데, 그것 때문에 주위 사람들로부터 '눈을 맞춰야지', '옆을 보고 말하는 것은 예의가 아냐'라는 말을 듣기도 합니다.

• 문맥을 놓치기 때문에 주위 사람들과 어긋나는 경우도

또한 그들은 문맥을 자주 놓치기 때문에 '분위기 파악을 못 한다'는 소리를 듣습니다. 예를 들면 반려견이 죽어서 슬퍼하는 친구를 위로하려는 아이들 속에서 "어, 개 말이지? 나도 있어. 엄청 귀여워…" 같은 식으로 이야기해서 주위의 빈축을 사게 되기도 합니다.

• 자신의 마음을 깨닫지 못하는 아이도 있다

다른 사람의 마음뿐만 아니라, 자기 마음을 이해하지 못하기도 합니다. 예를 들면 부모님이 "불만스러운 표정이구나"라고 말하자, "그래? 거울이 없어서 몰라"라고 대답한 아이가 있었습니다.

우리는 자기 얼굴을 보지 않아도 자신의 마음은 알고 있습니다. 그러나 이 아이들에게는 자기 마음이라 할지라도 '보이지 않기 때문에' 이해하기 어려워서, 다른 사람이 지적해주어야 깨닫게 되기도 하는 모양입니다.

마에카와 선생님의 어드바이스

● **동시에 다른 마음을 가지게 되면 혼란스러워진다**

'옷을 선물 받아서 기쁘지만 좋아하는 색이 아니어서 좀 유감'이라는 식으로 생각한 적은 없나요? 우리는 그런 식으로 여러 가지 다른 마음을 동시에 품기도 합니다.

발달장애를 가진 아이는 그렇게 서로 다른 마음을 동시에 가지면 혼란스러워합니다. 때문에 예를 들면, 사실은 기쁜 마음도 있는데 발작을 일으키는 경우가 있습니다.

부모님의 마음 ♥ '이 아이는 다른 사람과 잘 지낼 수 있을까…'

● **다른 사람의 마음을 이해하는 것이 중요하다는 것을 가르치고 싶다**

냥코씨처럼 아이의 상태를 보고 '다른 사람에 대한 상상력이 모자라는가' 하고 불안해지는 부모님은 적지 않습니다. 그 사회에서 잘 지내려면 마음에 대한 이해는 빼놓을 수 없는 것이라고 알고 있기 때문입니다. 그러나 마음을 어떻게 가르칠지 생각하면 그만 막막해집니다.

발달장애가 있는 아이라도 성장과 더불어 마음을 조금씩 이해할 수 있게 됩니다. 실제로 좋아하는 사람이나 신뢰하는 사람의 마음이라면 이해하는 듯한 상황이 나타나기도 합니다. 그들 나름대로 다른 사람의 마음을 이해하기 위한 요령을 찾아낸 것이겠지요.

그렇다고 해도 결코 완벽하다고 할 수는 없고, 마음이나 배경에 대한 이해가 독특하고 독선적인 데가 있기 때문에 부모님으로서는 마냥 안심할 수는 없지만, 그들로서는 노력하고 있는 것입니다.

● 부모님 자신이 아이의 마음을 잘 모르는 경우도

발달장애가 있는 아이는 표정이 없거나 어색하거나 자기 마음을 제대로 언어화하지 못합니다.

또한 표현할 수 있다고 해도 독특하게 나타나는 경우도 있으므로, 아이의 마음을 이해할 수 없다며 곤란해하는 부모님이나 아이의 마음을 오해해서 되레 마음에 상처를 입히고 말아 의기소침해지는 부모님도 있습니다. 마음을 이해해줄 수 없는 것은 부모로서 괴로운 일이나, 부모님의 탓이 아닙니다. 발달장애의 특성으로 인한 부분이 크다고 하겠습니다.

연구와 힌트

다른 사람의 마음을 이해할까?

1 게임하듯이 함께 배우자

다른 사람의 마음을 어느 정도는 표정으로 알 수 있습니다. 시중에 판매되는 표정 그림교재 등을 사용하여 표정의 특징을 가르치면서, 위와 같이 잘 눈에 띄지 않는 태도나 자세가 어떤 특정한 기분이나 생각과 연관되어 있다는 것을 가르칩시다.

2 애니메이션이나 만화도 활용하자

케이스 6에 나온 드라마 외에 애니메이션이나 만화도 효과적입니다. 드라마보다 더 예측하기 쉬운 상투적인 상호작용이 나오기 때문에 예상 밖의 일에 불안을 느끼기 쉬운 아이들도 안심하고 즐길 수 있습니다.

주목 대상이 치우치거나 이야기를 오해하지 않도록 부모님이 그때그때 깔끔하게 설명해줍시다.

3 아이에게 '질문하는 스킬'을 알려준다

삽화와 같이 상대방에게 어떤 마음인지 물어도 된다고 아이에게 가르칩시다.

제대로 알고 싶다는 생각이나 태도는 인간관계에서 중요한 것이라고 알려주는 것입니다.

4 자기 마음에 관심을 갖게 하자

자기 마음을 깨닫지 못하는 아이에게는 우선 거기에 관심을 돌리게 합시다. 주위 어른이 아이 자신의 마음을 '슬퍼졌구나', '분했던 거구나', '안절부절 못했지' 등 아이 입장에서 언어화해주면 좋을 것입니다.

왜 공부를
열심히 안 할까?

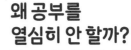

개끗

공책도
학습지도
완전 새것!!

와,
뭐야. 이
점수?!

국어

이래
가지고는
중학교 가서
본격적으로
뒤처질거야.

부들 부들

류타는 수업
시간에 뭘
하는 거야.

고학년이 되어
복도에서
뒹굴거리며
수업을 듣는 일은
없어졌지만

류타
초등
6학년

- 라니
이미
뒤처지고
있나.

하
하
하

꾸깃

이대로는 안 되겠어.

학습지

응, 응. 알고 있다고.

숙제는 제대로 하자! 한자 학습지도 전혀 안 했으니까 끝내자꾸나.

컨디션이 좋지 않은 날은 오전 내내 책상에 엎드려 지낸다고 담임 선생님께 들었습니다.

알았다니까. 시끄러워 죽겠네! 할 거얏.

구시렁

몇 번 말했는지 알앗. 엄마 이제 지쳤어.

구시렁

매일 모자지간 싸움

작작 좀 하고 숙제해!

애, 숙제해.

빨리 하란 말얏.

마지못해 책상으로 가긴 하지만 집중을 못 하니 진도가 나가지 않죠.

빙글

빙글

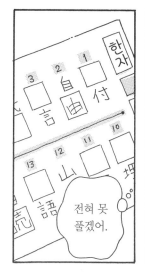

전혀 못
풀겠어.

다음날에는
완전히
잊어버려.

청류?

청? … 류?
무슨 글자
였더라…….

가령 한자는
쓰기 연습을
해도

열심히 생각해
내려고 해도
한자가
떠오르지 않아.

다른
애들처럼
술술 외우지
못해.

아빠,
수학 86점
받았어.

연산만은
좋아해서
자신
있었어.

금세
잊어버리는
자신이 너무
싫었어.

공부가
재미있다고
생각할 리가
없지.

아-
싫어진다.

보이지 말걸 그랬어…….

그건 그렇다 치고 류타는 글씨가 지저분하네~ 글씨 연습 더 해!

하지만 아빠는 칭찬해주시지 않아.

초등학교 시험은 간단하니까 이 정도 받는 건 당연해. 뭐 대단하다고.

균형 잡히게 쓰지 못해서 자주 혼났지.

글씨도 콤플렉스였어.

의욕이 점점 없어졌어.

열심히 하는 건 바보짓이야. 관두자.

반듯하게 쓰지 못하니까 쓰고 싶지 않게 되고 안 쓰니까 늘지 않고.

매일같이
학교에서 안
좋은 일이
있었으니 그쪽
고민이 커서

뿐만 아니라

싫은 일들이 겹쳐서
닥치면 공부할 상황이
아니게 된다고.

공부 모드가
되질 않는
거라고!

일단 진정되지
않거나 의기소침한
마음을 리셋해야 해.

하지만 안 좋은 일들을
일시적으로 잊을 뿐
게임을 멈추면 또
불쾌한 기분으로
돌아가고 말아.

그래서 숙제를
하기보다 먼저
게임을 해서
스트레스를
발산하고 싶었어.

나 같은 건 태어나지 말았으면 좋았겠다는 생각이 들어서

그럴 때 엄마한테 잔소리를 들으면

아— 오늘은 최악

싫은 일들뿐

심장 부근이 꽉 죄듯 답답해져서 괴로워져.

쿠—옷—!

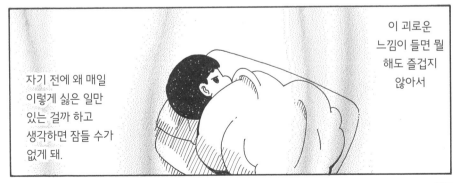

이 괴로운 느낌이 들면 뭘 해도 즐겁지 않아서

자기 전에 왜 매일 이렇게 싫은 일만 있는 걸까 하고 생각하면 잠들 수가 없게 돼.

아무한테도
말할 수 없어서
괴로웠어….

초등학교 때는
이런 괴로움도
잘 표현하지
못해서

고등학생이 되고 나서
인터넷에서 찾아보고
이 증상이 우울증과
비슷하다고 알게 되었지만

우울증 체크

그게 우울증은
아닐까요?
·지치기 쉽다
·의욕이 없다
언제나 피곤하다

증상체크

클리닉 진단

공작에
푹 빠진
♪ 시기

물론 컨디션이
좋고 즐거운 일이
있는 날도 있었어.
그럴 때는

하고 싶은 일이
늘어서 이것도
또 공부할
상황이 아니란
말이지.

안절부절 못할 때는
잠시 내버려뒀으면
좋겠어. 불쾌한 기분을
리셋하는 데 굉장히
시간이 걸리거든.

정비사 직업학교에 들어갈 때까지 진심을 다하는 게 무엇인지 몰랐지.

자동차 정비사가 되고 싶어!

중학교에서도 이런 식으로

아무리 노력해도 내가 머리 좋은 놈을 이길 수 있을 리 없으니 느긋하게 하자.

중3

직업학교 2학년째에야 겨우 정신을 차렸어.

직업학교 수험생활 이야기는 여기에 수록되어 있습니다.

우리 아이는 ADHD

진짜 공부 안 하면 죽어!!!

고2

큰일 났다.

※ 고졸 자격도 취득할 수 있는 학교이므로 본서에서는 알기 쉽게 고1, 고2⋯⋯로 했습니다. (편집자)

case 7 왜 공부를 열심히 안 할까?

낙제점을 피해 위기를 넘긴 후 자신의 특성을 깨달았어.

이 불안은 중학교 때부터 사라지지 않네.

나는 정답을 잘못 기억하는 게 아닌지 불안해질 때가 있구나!

해도 소용없어.

후회해도 늦었지만

어릴 때부터 제대로 해뒀으면 좋았는데~

불안해지지 않도록 외운 것이 정말 맞는지 확인하느라 시간이 걸려.

남보다 더 시간을 들여야 할지도 몰라.

이렇게 해서 겨우 웬만큼(?!) 공부할 의지가 싹 튼 것입니다.

운전면허 공부도 하면 될지도 몰라!

그렇지. 여름방학이 되면 자동차 학원에 다니자.

일찍도 한다

GPS

20세

지갑 잃었어.
난 왜 자꾸
잃어버릴까…

지갑용
GPS
판다니까.

어쩔 수 없어, 류타는 그런걸!

매우 얇은 GPS

앱으로 지갑을
찾을 수 있으니
편리해!

아직 나 그
정도까지는
아니라고
생각하고
싶어.

그런 것에
의지하면
진짜 못난
놈이 되는 것
같아……

지갑 분명히
금방 나올
것 같은데—

이미 의지할
수준이란 걸
깨달아라.

웃음보!

크하하하하

푸하

드라마 영향으로
드라마 명언집이나
관련 기사 모음집을
보는 것이 취미가
되었다.

고1

지금 바쁜데—

크하하하하

크─크─ 엄마도
이거 봐봐. 진짜
웃겨.

캬하하하하

푹 빠져
있음

매일
즐거운가
보네.

억누른
웃음 소리는
마치 귀신……

ㅎ ㅎㅎㅎ
ㅎ

한밤중
3시

아직 안
자냐.

공부를 꼭 '게을리한다'고는 할 수 없습니다. 힘을 발휘할 수 없는 원인이 있을지도 모릅니다. 환경이나 학습방법 등을 재검토합시다.

아이의 마음 ♥ '노력하고 있는데 왜 잘 안 되는 거야?'

• 싫어하는 과목의 정보는 '처리할 수 없는 자극'이 된다

왜 류타군처럼 수업에 집중하지 못하는 아이가 있을까요? 그 원인 중 하나로는, 과목에 대한 호불호를 들 수 있습니다. 케이스 1에서 언급했습니다만, 본래 선호하는지 아닌지에 따라 흥미를 극단적으로 다르게 보이는 아이들입니다.

개인차는 있으나, 발달장애 아동 다수는 '답이 하나가 아닌 과목', '추상도가 높은 과목'에 취약합니다. 그런 취약한 과목의 경우, 선생님이나 급우가 가르쳐주는 내용은 그들에게 '처리할 수 없는 자극'이 되어버려 집중할 수가 없습니다.

● 환경이나 특성으로 인해 제대로 학습할 수 없다

설령 좋아하는 과목이더라도 생활 리듬이 흩어지거나 학교 내에 넘치는 감각 자극으로 피로를 느끼기 쉬울 수도 있습니다. 그리하여 과도한 자극으로 뇌가 피로해지고 졸음이 오기 때문에 어른이 보자면 게으름 피우는 것처럼 보일 수가 있습니다.

그렇다고 해서 공부를 게을리하고 있는 것은 아닙니다. 류타처럼 한자 연습을 열심히 해서 외우려고 노력하지만 '다음날에는 까맣게 잊어버리는일'이 일어납니다. 그들의 관심도에 따라 기억력이 변하는 것입니다.

● 학습방법이나 평가방법이 부적절할 가능성도 있다

학습이나 평가방법이 맞지 않아서 아이가 잠재력을 발휘하지 못하는 경우도 있습니다. 학습방법에 대해서는 뒤에 나올 '연구와 힌트'에서 다루겠지만 평가방법에 대해서는 예를 들면 다음과 같은 케이스가 있었습니다.

- 선다형에서는 대답하지 못하지만 자유서술에서는 이해를 보이는 아이(그 반대도 있습니다)
- 같은 선다형에서도 번호를 검게 칠하는 답안지는 어려워하지만 선택지 번호에 동그라미를 치는 방식이면 괜찮은 아이
- 말로 설명하는 것은 어려워하지만 그림이나 도형 등 시각적 설명으로는 자신이 이해하고 있는 것을 표현할 수 있는 아이

마에카와 선생님의 어드바이스

이처럼 다양하기 때문에 그 아이에게 맞는 학습법, 평가법을 찾아내는 노력을 빼놓을 수 없습니다.

● 학습장애로 인해 힘들어하는 케이스도

아이가 학습장애(LD)를 가지고 있지 않은지에 대해서도 주의를 기울입시다. LD에는 몇 가지 유형이 있어서 각기 특징이 다릅니다.

쓰기 장애 ··· 문자를 깔끔하게 정확히 쓰는 것이 어렵다 / 거울문자(좌우가 반전된 글자 - 옮긴이)를 쓴다 / 한자를 균형 잡히게 쓰지 못한다 / 필압이 너무 강하거나 약하다 / 사물을 보거나 소리를 들으면서 동시에 쓰지 못한다 등

읽기 장애 ··· 문자는 읽을 수 있지만 단어나 문장을 읽지 못한다 / 단어를 소리로 인식할 수 있어도 의미를 파악하지 못한다 / 문자에서 색이 보여서 어디까지가 한 단어인지 알 수 없다(일본어는 띄어쓰기가 없기 때문에 글자 하나하나가 다른 색으로 보이면 어디까지가 한 단어인지 혼란스러울 수 있다 - 옮긴이) / 문자가 흔들리거나 크기가 변하는 것처럼 보인다 / 다음 행의 문자열이 겹쳐 보여서 집중해 읽을 수 없다 등

● 지원이 없으면 2차 장애로 이어질 수 있다

학습이 적절하게 평가받지 못한 채로 있으면 2차 장애가 일어나는 케이스도 있습니다. 자기평가가 저하되거나 다른 사람에게 놀림을 받아 학교나 공부가 싫어지거나 불면증, 우울증 같은 상태가 될 수도 있기 때문에 주의해야 합니다.

부모님의 마음 ❤ '성적이 걱정.
학교측에 어디까지 맡겨도 되는 건지······.'

• '꾸중을 한다 → 공부가 싫어진다'는 악순환을 조심할 것

학습부진은 진학 등 아이의 장래에 관계된 문제입니다.

아이가 공부를 하지 않거나 학습에 계획성이 없고, 눈에 띄게 요령이 없거나, 성적이 부진한 것을 보노라면 부모님은 당연히 걱정이 되시겠지요. 그래서 아이가 반발할 줄 알면서도 '공부해라', '제출할 것은 냈니' 식의 말을 하고 마는 것입니다.

그러나 그런 말참견 때문에 부모와 자식이 서로 속을 끓이고 결국 아이가 더욱 공부를 하지 않게 되는 악순환에 빠지기 쉽습니다.

• 지원을 요청하면 주위에서 어떻게 볼까 불안

그렇다고 학교측에 상담하기에는 선뜻 용기가 나지 않지요. '협조해줄까', '염치없게 구는 것으로 보이지 않을까'라는 불안이나, 주위로부터 '꾀를 부린다'든가 '불공평'하다는 식으로 여겨져서 괴롭힘을 당하지나 않을까 하는 불안감도 들어, 부모님으로서는 어떻게 해야 할지 갈피를 잡지 못할 수도 있을 것입니다.

1 그 아이에게 맞는 학습방법을 찾아내자!

  학습방법뿐만 아니라 평가방법에도 주의합시다. 한 사람 한 사람에게 맞춘 방법으로 학습·평가하는 것은 '꾀를 부리는' 것이 아니라 '합리적 배려'입니다. 교육하는 측에 맞춘 지원이 아니라 아이들에게 맞춘 지원을 하는 것이야말로 아이들의 의욕을 높여 배울 기회를 보장하는 것입니다.

2 계획 세우는 것을 돕자

'어느 과목부터 공부할까', '어떤 숙제부터 끝낼까'에 대해 적절히 판단하지 못하는 경우에는 흐름을 전망할 수 있도록 시각화합시다.

처음에는 함께, 서서히 스스로 '해야 할 일'을 확인하고 순서를 정하도록 합니다.

△
'끝난 것', '이제부터 할 것'이 구별되도록 하면 성취감을 얻을 수 있습니다.

3 기분전환을 잘 시키자

타이머를 사용하거나 어른이 개입하여 시간을 구획지어 기분전환을 할 수 있도록 합니다.

이때, 아이가 하고 싶어하는 것을 시켜도 상관없지만 흥분할 만한 것은 피하도록 합시다.

마사지, 지압, 스트레칭 등 긴장을 푸는 활동도 꼭 포함시킵시다.

△
너무 집중하면 과집중 상태에 빠져 본인이 지쳐버리므로 휴식이 필요합니다.

4 공부할 장소를 정해둔다

이 아이들은 장소와 특정 행동을 결부시키면 마음이 안정됩니다. 좁아도 좋으니 식사를 하는 장소, 취미활동을 하는 장소와 별도로 공부하는 장소를 두면 좋을 것입니다. 커튼이나 책장 등으로 장소를 구분하기만 해도 됩니다. 필요없는 물건은 되도록 안 보이는 곳에 넣어둡니다.

정리정돈을 못 하는 것은 왜?

있네!

내가 안 그랬다니까.

남의 물건을 사용하기 전에 정리정돈을 해.

항상 방을 어질러놓으니 물건을 잃어버리는 거야.

……

어-?!

언제 적 거야, 이거?

류타는 정리정돈을 못 합니다.
게다가 물건을 잘 찾지도 못합니다.

청소를 하라고 해도 통 하려고 들지 않는 아이에게 그만 초조해져서 이러쿵저러쿵 참견을 하고 말지요.

방은 언제나 지저분합니다.

네 방에서 잡다한 쓰레기가 저쪽 방으로 흘러간다고

이제 청소 좀 해.

알았다고, 시끄럽네.

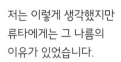

저는 이렇게 생각했지만 류타에게는 그 나름의 이유가 있었습니다.

자, 청소기!

애는 방이 깨끗한 편이 지내기 좋다는 것을 모르나 봐.

나는 청소가

싫다!

아- 귀찮아!

바닥에 있는 것을 치우고 청소기를 돌리고 걸레로 닦아.

게다가 어질러진 상태 쪽이

안녕하세요. 스무살 류타입니다. 제가 설명할게요.

청소해도 의미가 없다고 생각하는 겁니다.

그렇잖아요, 치워도 또 어질러지니까

134

아~주 마음이 안정된단 말이지.

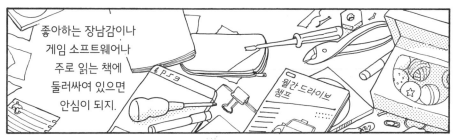

좋아하는 장난감이나 게임 소프트웨어나 주로 읽는 책에 둘러싸여 있으면 안심이 되지.

어릴 때 갖고 놀던 장난감은 보물이야. 전부 죽을 때까지 간직하고 싶으니 버릴 생각 따위는 없는 거야!

아 진짜 시끄러워-. 너무 짜증나!

사용하지 않게 된 물건이나 장난감은 버려.

철도 덕후의 보물

철도 박물관이나 지하철 박물관 입장권도 계속 간직하고파.

쓰레기처럼 보일지 몰라도 쓰레기가 아냐.

여행 가서 탔던 케이블카 승차권이라든가 행사에서 받았던 팸플릿도 추억이니까 간직하고 싶어.

ㄴㄴㄴ 케이블카 왕복권
어린이

나는 넣어두기 싫다고.

시끄럽구만!

문구류는 잃어버리지 않게 서랍이나 연필꽂이에 잘 넣어둬.

아들의 청소를 신용하지 못하고 참견하러 오는 엄마

왜냐하면 넣어버리면 며칠 후에는 잊어버려. 눈앞에서 사라진 물건은 '존재하지 않는' 것이 되니까.

책상 위나 바닥에 놓고 바라볼 수 있게 해두고 싶은 거거든.

하지만 이해해주지 않아.

뒤섞여 있는 것들 중에서 필요한 것을 찾는 게 보통 일이 아니지만

헤집어서 찾아내는 방법이 제일 편해.

분명히 자가 이 근처에 있었는데

부스럭 부스럭

휙

다녀 왔어요.

알기는 하지만

알고 있어·····

응 알겠다고.

적어도 귀중품은 정해진 장소에 두는 습관을 들이라고.

어른이 되어 고생한다고.

물건을 둘 때 여러가지 일을 생각하고 있으니까

아무래도 주위를 안 보고 무의식적으로 두게 되지.

이것저것

그래서 어디에 두었는지 생각이 안 나서 찾아다니게 되는 거야.

어떻게 해도 물건을 의식 안에 넣어두지 못해서 스스로도 정말 난감해하고 있어.

흠— 좋군. 사용해 볼래.

바지 벨트에 연결해서 말야. 지갑 체인으로 지갑과 열쇠를 연결하면 잘 잃어버리지 않게 돼.

짤그랑

더 이상 뭘 해도 소용없어. 어차피 잊어버릴 걸.

열쇠나 지갑을 둘 때 의식을 붙들 수 있는 물건이 있으면 좋을 것 같아.

다행이다, 잘됐네.

잃어버리지 않게 되었고 편리한 듯.

짤그랑

사용해 본 결과

둘 때 체인 소리가 나니까 약간은 의식하는 것 같아.

시중에 파는 수납용품을 고집할 필요도 없지.

교과서류는 골판지 상자에 넣어 정리해둔다.

문구류는 선반에 간수하지 말고 바구니에 넣어서 바닥에 둔다.

다음으로, 너무 어질러진 방 문제는 이렇게 해봤어!

140

직업학교에 들어가고 나서는 계속 학교 준비물은 전부 현관 매트 위에 두기로 했어.

고1

물건을 못 찾아서 학교 가기 전에 허둥지둥 당황한 적이 많았어. 중학교 때였지만.

아─젠장─ 문제집이 없어.

안 보이게 되면 불안해지니까 물건을 펼쳐둬.

정말 준비물 빠뜨린 거 없나?

전날 가방 안에 넣으면

겨우 제대로 행동할 수 있도록 연구하기 시작해서 한숨 돌린 엄마였습니다.

잊은 물건 · 잃은 물건을 줄일 수 있다면 걸리적거려도 참자.

미안.

방청소로 말하자면
......

스마트폰 이런 데 있었네.

헛.

그렇다고는 해도 일주일에 한 번은 뭔가를 잃어버리고 허둥댑니다. 완전히 개선되지는 않지요

생활하기 힘들다고 느끼면 한 달에 한 번 정도 자발적으로 청소를 하게 되었습니다.

정말이지 너무 어질렀네~. 발 디딜 틈이 없어.

슬슬 치울까.

방구석의 쓰레기가 신경 쓰이지만 뭐 됐어.

으......응. 깔끔해졌네!

어때, 깨끗해졌지!

깔끔 점수는 50점이지만 봐줍니다.

△□시 소형 폐기물 쓰레기

장난감 사랑

제대로 하고 있는데요

 부모님이 마음대로 치우는 것은 분란의 근원이 됩니다. 그 아이 나름대로의 '정리정돈할 수 없는 이유'를 살펴 잘 대응합시다!

아이의 마음 ♥ '정리할 수 없는 사정이 있는 거야!'

• '정리하는 것'은 발달장애 아동에게 힘든 작업

정리정돈하기 위해서는 '불필요한 물건과 필요한 물건을 분류한다', '불필요한 물건을 버린다', '필요한 물건은 사용하기 편리함·중요도·긴급도를 고려해서 수납장소를 생각한다'라는 과정이 필요합니다.

이러한 작업에는 마음의 여유나 에너지가 불가결하지만, 발달장애가 있는 아이는 학교생활이나 대인관계에서 남들보다 더 에너지를 소모하기 때문에 정리를 하라고 해도 금방 움직일 수는 없는 경우가 많습니다.

또한, '정리하는 이유를 잘 모르기 때문에' 즉시 움직이지 못하는 경우도 있습니다. 이 아이들은 '정리되어 있으면 기분이 좋지'라는 말에도 선뜻 이해를 못 합니다.

오히려 류타처럼 자기 물건이 보이는 곳에 없으면 불안하니까 지저분한 방이 더 마음이 안정된다는 아이도 있습니다.

• '자기만의 규칙'이나 '애착'이 방해가 되기도

그렇다고 부모님이 치우려고 하면 아이가 화를 내기도 합니다. 꼼꼼한 아이의 경우에는 '자기만의 규칙'에 따라 정리하기 때문에 다른 사람이 건드리거나, 자기가 정한 법칙대로 정리되어 있지 않으면 안절부절 못 하게 되는 일조차 있습니다.

예를 들면, 필통에 반드시 오른쪽부터 긴 순서대로 연필을 정리하는 아이가 있었는데, 옆자리 아이가 마음대로 연필을 사용하고 원래의 위치에 제대로 돌려놓지 않았기 때문에 싸웠다는 사례가 있었습니다. '자기만의 규칙'은 독특한 데다가 상당히 완고한 것입니다.

또한, 특별한 애착이 있는 물건이 많아서 정리할 수 없다는 아이도 있습니다. 예를 들면 신칸센 차표, 레스토랑 이름이 새겨진 냅킨, 빈 캐러멜 상자 등 부모님이 보기에는 필요 없다고 생각될 만한 물건에 애착을 느끼는 경우가 있어 이것들을 누가 마음대로 버리면 깊이 상처받을 수도 있습니다.

마에카와 선생님의 어드바이스

● 꼭 정리를 못해서 잃어버리는 것만은 아니다

발달장애가 있는 아이는 물건을 자주 잃어버립니다.

예를 들어 선생님이 보호자에게 보내는 중요한 전달문을 아이가 받아서 귀가했다고 칩시다. 그런데 귀가하자마자 부모님이 '입을 헹구거라'고 하면 그 일에만 의식이 집중되어, 입을 헹구기에 앞서 무의식적으로 전달문을 두고는 어디에 두었는지 잊어버리는 일도 일어납니다.

문득 떠오른 것을 잘 생각하지 않고 실행한 결과 물건을 잃어버리는 경우도 있습니다. 예를 들면 '점수가 나빴으니 이 답안지는 버리자'는 생각이 떠올라 때마침 들고 있던 자전거 열쇠를 답안지와 함께 쓰레기통에 버리고 말았다는 아이도 있었습니다.

● 스스로 찾아내지 못하는 데도 이유가 있다

물건을 잃는 것뿐만 아니라 찾는 데도 서툽니다. 앞에 나온 자전거 열쇠 같은 사례에서는 원래 버렸다는 의식이 없으니 어디를 찾아도 발견할 수 없습니다. 또한, 둔 기억이 있어도 장소가 기억에 남아 있지 않을 수도 있습니다.

더구나 시야가 좁고 고집이 강하기 때문에 '분명히 여기에 있을 거야'라고 믿고 특정 장소만 계속 찾느라 바로 옆에 있는 물건을 못 찾는 일이 일어나기도 합니다.

부모님의 마음 ♥ '칠칠치 못한 데다 지저분하지. 어지간히 좀 해!'

● 정리정돈 문제는 부모 자식간 싸움으로 이어지기 쉽다

정리를 못 한다거나 물건을 잃어버리는 모습은 어른에게는 '칠칠치 못하게' 보입니다.

부모님은 그런 칠칠치 못함이 생활에 지장을 준다는 것을 알고 있기에 걱정이 되어 견딜 수 없으시겠지요.

어질러져 있는 방을 본다면 누구라도 진절머리를 냅니다. 학교에 낼 제출물을 분실하면 아이의 성적에 영향을 미칠 것이며, 중요한 물건이 없어지거나, 먼지나 곰팡이로 건강에 해를 입거나 하는 것도 난감한 일입니다. 부모님의 생활공간까지 아이의 물건이 침범해 오는 것도 참기 어려운 일입니다.

그래서 정리정돈하라고 되풀이해서 말하지만, 그것이 또한 부모님에게는 스트레스가 됩니다. 그렇다고 부모님이 치우려고 하면 아이가 언짢아하게 되어 서로 짜증이 나 큰 싸움으로 발전하고 맙니다. 해결책을 찾지 못해 곤혹스러워하는 가족은 적지 않습니다.

연구와 힌트

정리정돈을 못 하는 것은 왜?

1 '분류 바구니'를 사용해보자

　류타도 바구니나 골판지 상자 등을 사용하고 있었습니다. 내용물이 보이도록 뚜껑 같은 것은 사용하지 않는 것이 포인트입니다. 깔끔하게 넣어져 있지 않아도 그 부분은 봐 줍시다. 또한, 부모님이 마음대로 물건을 버리는 것은 좋지 않습니다. 없어진 것을 눈치 챈 아이가 패닉 상태가 될 수도 있기 때문입니다.

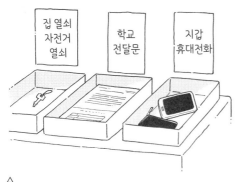

2 보관 장소를 정해서 확실하게 명시

둘 장소가 정해진 물건이라면
- '자전거 열쇠', '자료집', '학교 전달문' 등 이라고 쓴 표시
- 그 장소에 둘 물건을 그린 그림이나 사진

이런 표시를 해당 장소에 붙여봅시다.

△
'정해진 곳에 두는 것'이 습관이 되면
아이도 어른도 편해집니다.

3 도저히 버릴 수 없을 때는……

'정든 물건 분류 바구니'를 하나 정해서 '그 바구니에 들어갈 양만큼은 보존해도 되지만, 넘칠 것 같아지면 버리자'고 아이와 상의해서 규칙을 만들면 어떨까요.

△
버릴 물건을 사진으로 찍어두면 안심할 수 있는
아이도 있습니다.

4 '방을 깨끗이 치워'는 잘못! 지시는 구체적으로 하고 장소는 한정해보자

'깨끗이'라는 지시는, '교과서와 노트는 꽂아놓는다', '문구류는 서랍 속에' 등 구체적 표현으로 바꿉시다. 또한, 방 전체를 완벽하게 청소하는 것은 부담감이 커서 손을 댈 수 없게 됩니다. 정리할 시간을 정해서 '책상 위만', '책장 1단 분량' 등 조금씩 해도 되는 것으로 합시다.

야단을 쳐도 행동을 고치지 못하는 것은 왜?

류타
초등
4학년
무렵

사흘에
한 번은
된장국을
엎었습니다.

짱안

질척

철퍽

어머나
-.

이런.

앗

왜?
화냈음
좋겠어?

어?! 엄마
화 안 내?

와작 와작

...

아니.

자, 행주.

흘렸을 때는 스스로 깨끗이 닦으면 되니까.

류타가 실수할 때마다 화내면 말야- 매일 밥을 맛있게 못 먹게 되잖아.

아, 그래?!

쓱싹 쓱싹

와작 와작

그 정도는 할 수 있는 나이가 됐고 엄마는 조용히 지켜보려고 해.

잊지 않게 말해줄게.

그리고 이제부터는 먹기 전에 그릇이랑 컵 위치를 조절해볼까.

행주는 항상 부엌에 둘 테니까 부탁해!

그러니 다음부터 흘리면 스스로 닦기로 규칙을 정하자!

응, 알았어.

류타로서는

야단치지 않는 엄마 뭔가 으스스해……

사실은 엄청 열 받아 있는 거겠지.

이렇게 생각하고 있었나 봅니다.

좋아!

못하는 건 봐준다!

이렇게 생각해서 야단치지 않기로 했던 것입니다.

하지만 못하는 게 많은 줄 알면서도 '이 정도는 할 수 있어야지' 하고 기대해버린단 말이지~.

류타가 '할 수 있는 것'과 '할 수 없는 것'을 내가 이해해야만 하겠구나~.

그 점에 대해 스무살 류타는 이렇게 말했습니다.

엄마가 하는 소리는 말야.

아무리 주의를 줘도 행동을 고치지 못하니 지금도 속을 끓이고 있습니다.

왜 바뀌질 않지?

손을 씻고 입을 헹궈.

우산은 접어서 우산꽂이에 넣어놔.

윗도리는 뒤집어 벗은 채로 두지 마!

구두를 벗으면 가지런히 해놔.

다 먹었으면 과자봉지는 버려.

학교 전달문은 빠뜨리지 말고 가져와!

숙제는 집에 오는 즉시 해.

나한테는 해도 그만 안 해도 그만인 것뿐이지.

뭔가 말하는 구나~.

숙제해ー

재미있게 놀고 있을 때 갑자기 엄마가 뭘 하라고 요구하면 금방 그렇게 할 수는 없다고.

내 머릿속

놀이

간식

텔레비전

초등학교 때는 놀이와 간식 외의 것 따위는 거의 생각하지 않았으니까

모드 변환이란 섬세한 거구나.

이런 녀석이라 진짜 미안하게 생각하지만

아무튼 할 마음이 들기까지 시간이 걸리는 거야.

몇 번씩 말을 해야 '슬슬 전환해야지' 하는 마음이 드는 거야.

어쩔 수 없지 해볼까.

싫어~

싫어~

스스로 적극적으로 마음을 전환하는 게 어려우니까

그래서 몇 번 말해도 안 통할 때가 있는 거구나─ 지시를 수행할 수 있게 되도록 그 단계를 밟는다고 생각해야 하나~

번쩍─

싫어 싫어 하면서도 엄마 지시에 한동안 집중하는 모드!

쭉 쭉

놀이

간식

텔레비전

일상적으로 자주 하는 루틴을 제외하고, 이미지를 떠올릴 수 있는 대상이 없으면 기억해내는 데 시간이 걸려.

음-그게 뭐였더라?

가정 과목 숙제할 거였지.

하지만 지시를 말로만 하면 금방 따를 수 없어.

시범이 없으면 뭘 어떻게 해야 할지 몰라.

어떻게?

자, 달걀 깨 봐.

두근 두근

아, 그랬지. 오믈렛으로 할래.

달걀 요리를 하나 택해서 만들어 먹는 거지.

이 미 지

달걀 샌드위치

폭신폭신 오믈렛

될 때까지 몇 번이고 시도하게 해줬으면 좋겠어.

달걀은 가볍게 모서리에 부딪쳐 둘로 나눠.

시범을 봐도 잘 되지 않으니까

뽀각

탁

콩소메맛 조미료도 넣을까!!

실패했을 때는
봐도 못 본
척해줬으면
좋겠어.

힐끔

방법을 배워도
그대로 되진
않으니 말야.

스르륵

그래?
모양이
이상해.

음, 잘
만들었어.

처음치고는
아주 잘 한
거지.

이렇게 해달라
저렇게 해달라고 제
편할 대로만 말하고
있다는 건 알지만

해냈을 때는 물론
칭찬해줬으면 하지만
일부러 하듯이
칭찬하면 별로니까

아니,
제법인데.

이 정도가
좋겠네.

빨리 하자

재미있는 거

마음이 설레게끔 말을 건네주면 좋겠어.

마음 설레는 일 외에는 에너지를 사용하고 싶지 않으니까

와하하하하

그래! 추켜주면 휘둘리는 면이 있지.

오히! 우주인답네. 거침없는 주장.

기분 좋게 부추겨달라는 얘기야?!

하긴 야단친다고 잘못이 줄어드는 건 아니지……

유리 세공품처럼 까다로운 아이구나~

그렇긴 한데 비교적 사소한 걸로 금세 관두는 성가신 녀석이야.

160

그것을 아이가 부모에게
바라고 있어.
정성껏 키우면 저도
부모의 애정을 느끼게
되겠지……

'급할수록 돌아가라'고,
능숙한 칭찬으로 의욕이 나게 해서
성장시키는 게 역시 제일일까.

엄마, 나
대단하지

그렇게 되도록
뒷받침할 수 있으면
하고 바라는
엄마입니다.

이 아이가 아저씨가
될 무렵 뭐든지
스스로 할 수 있게
될지도 몰라.

손이 많이 가는
아이지만 10년,
20년, 30년으로
길게 보고 꾸준히
보살피면

이 아이들은 변화 속도가 느립니다. 냥코씨처럼 '급할수록 돌아가라'는 자세로 대하면 성장할 것입니다!

아이의 마음 ♥ '즉시 바꾸라고 해도 무리야!'

● 다양한 '모드'가 있어 전환에 시간이 필요

만화에서 류타가 정확하게 가르쳐주었습니다만, 발달장애 아이들은 '놀이 모드', '사고 모드' 등 여러 개의 모드를 가지고 있어 그것을 전환하는 데 시간이 걸린다는 특성이 있습니다. 재촉받으면 혼란스러워져 점점 더 전환에 시간이 걸리게 됩니다.

기분과 동시에 기억이 전환되어버리는 사례도 있습니다.

예를 들어 하교 중에 '학교 모드'에서 '집 모드'로 전환됨과 동시에 '학교 모드'였을 때의 기억이 사라져버린다는 아이가 있었습니다. 그런 아이는 '오늘 학교 어땠니?'라고 질문받아도 아무것도 생각나지 않습니다. 자신도 모르게 그렇게 되고 마는 것입니다.

● **멍이나 상처가 많은 것은 자기 몸에 대한 이미지가 불확실하기 때문**

류타와 같이 그릇을 엎거나 여기저기 부딪히는 등 몸을 쓰는 데 서툰 아이도 흔히 있습니다. 거기에는 이미 앞서 언급했던 '어떤 일에 집중하면 다른 것이 보이지 않게 된다'는 특성 외에도 자신의 몸에 대한 이미지가 막연하다는 특성도 관련되어 있다고 보입니다.

발달장애 아동은 공간 속에서 자신의 손발이 어느 위치에 있는지 잘못 인식하는 경우가 많고, 그로 인해 본인은 '제대로 보고 예사롭게 걷고 있다'고 생각해도 주위 물건에 부딪혀 망가뜨리거나 몸에 멍이 들기도 하는 것입니다.

● **어른이 바라는 모습만 강요하는 것은 금물**

부모님이나 주위 어른은 본인이 주의를 주면 아이가 당장 행동을 고치기를 바랍니다. 그러나 발달장애가 있는 아이는 들은 것을 이해하는 데 시간이 필요하거나, 구체적으로 설명해주지 않으면 어떻게 해야 할지 몰라서 즉시 행동으로 옮기지 못합니다.

어른이 말하는 '보통 아이라면 이렇게 해야 해'라는 메시지는 그들에게 '있는 그대로'가 아니라 '정해진 대로'가 아니면 안 된다는 생각을 품게 합니다.

그 결과, 있는 그대로의 자신을 포기하고 정해진 틀에 가까워지려고 그들 나름대로 노력하지만, 이런 생활은 아이에게 큰 스트레스가 됩니다.

마에카와 선생님의 어드바이스

부모님의 마음 ♥ '야단치고 싶진 않지만 칭찬하기도 어렵고……'

- **'내가 야단치는 방식에 문제가 있나?'**

부모님은 아무리 주의를 줘도 행동을 못 고치는 아이에게 진절머리가 나겠지요.

다른 아이가 단번에 부모님 말을 따르는 것을 보노라면 부럽기도 하고 '내가 야단치는 방식에 문제가 있나?' 하고 자신감을 잃어버리는 일도 있을 것입니다.

어떻게든 행동을 고치려고 심한 말을 아이에게 퍼붓는 부모님도 있습니다. 저는 실제로 '내가 야단치는 방식이 학대일까', '주위에서도 그렇게 보고 있는 게 아닐까' 하고 걱정하는 부모님을 상담한 적이 있습니다.

'아이에게 어떻게든 이해시키고 싶다', '사회에 나간 뒤에 망신당하지 않도록 고쳤으면' 하는 마음으로 부모님은 그저 필사적입니다. 부모로서의 책임감이나 애정에서 비롯된 말과 행동이 아이나 주위에는 그런 식으로 전해지지 않을지도 모른다고 생각해서 고민하는 것입니다.

● 긴 안목으로 지켜보는 마음이 중요

야단만 치면 안 된다거나 칭찬하면서 키우는 것이 중요하다고 머리로는 이해하지만, 발달장애가 있는 아이의 생활은 순조롭지 못한 경우가 많습니다.

일부러 부모를 난처하게 만드는 건가 해서 안절부절 못 하게 되는 경우도 있을 것입니다. 그러나 그들에게 악의가 있어 그러는 것은 아닙니다. 이해나 변화에 시간이 걸리는 것입니다.

긴 안목으로 느긋하게 변화를 지켜본다는 마음을 잊지 말고 대하는 것이 중요합니다.

1 스몰 스텝으로!

이 아이들은 알고 있어도 행동으로 옮기는 데 시간이 걸립니다. 그러나 '특성에 맞춰 이해할 수 있는 방법으로 전달하기', '행동을 바꿔야 하는 이유를 구체적으로 설명하기', '과정을 세세하게 나눠 지시하기'를 명심한다면 변화를 촉진시킬 수 있습니다. 조금이라도 바람직한 행동을 했다면 알기 쉽게 칭찬하는 것도 중요합니다.

△
흔한 '금지 행동'은 눈에 띄는 장소에
붙여두면 좋겠지요.

2 야단칠 때는 특정 행동에 대해서만!

'너는 글렀어', '정말 알아듣질 못하는구나' 등 아이의 존재 전부를 비판하는 듯이 꾸중하는 것은 좋지 않습니다.

'두드리면 안 돼' 등으로 금지 행동을 정해두고, 위반하면 단호한 태도로 그 행동에만 주의를 주도록 합시다.

3 야단을 친다면 예외는 두지 않을 것

금지행동을 저지른 아이에 대해서는 예외를 두지 않도록 합시다. '이번만 봐주자', '난리를 피우니까 오늘은 넘어가자' 하는 식으로 생각해서 일관성 없는 태도를 취하면 오히려 아이가 혼란스러워합니다.

4 해냈을 때는 칭찬한다!

어떤 아이는 어른이 머리를 쓰다듬거나 '기쁘구나!' 하고 말하더라도 칭찬을 받고 있는 줄 모를 수도 있습니다. 그 아이가 좋아하는 것, 관심이 있는 것을 하게 해주어서 자신이 인정받았다고 느끼게 해주면 좋을 것입니다. 그것이 그 아이에게 맞는 칭찬법이 된다는 것을 기억하시기 바랍니다.

현재 류타는
자동차 정비사가
되기 위한 학교에
다니고 있습니다.

보충수업은
잘 듣고
있어?

응,
괜찮아.

보충수업이랑→
재시험이
기다리고
있습니다.

거기에
대비해 한창
열심히 공부
중입니다.

그 학교도 이제 곧
졸업. 며칠 후에는
자동차 정비사
국가시험이 있어서

사흘간
공부만
해서 진짜
피곤해~.

168

푸하하하핫

한 건 했네.

또 나왔다.

앗, 이런. 세면도구 놓고 왔다.

이런 일이 열 번쯤 계속되면 이젠 웃음이 터집니다.

합숙 연수에서 매번 뭔가를 깜빡하고 놓고 옵니다.

눈앞에 보이는 대상도 딴 생각을 하면 보이지 않게 돼. 환상이나 마찬가지.

잊은 물건 잃은 물건

안절부절 집중 못함

아차 실수

남들처럼 잘 하지 못하니까 ADHD인 거지!

그것은 '노력이나 연구를 하면 할 수 있는 것'과 '어떻게 해도 할 수 없는 것'이 있다는 것입니다.

예전이라면 화를 냈겠지만 아들을 키우면서 알게 된 것이 있습니다.

그래도 인간관계가 틀어지거나 적절하게 행동하지 못할 때도 있습니다. 그럴 때는 모자가 함께 대책을 상의하기로 했습니다.

응, 응.

이러쿵 저러쿵

성장함에 따라 스스로 노력하거나 연구를 하게 되어 할 수 있는 일이 늘게 되었습니다.

이런 것도 거들어주는 것이 아닐까요.

그렇다고 해도 아직 부모가 돕는 것이 9할이지만 장래에는 역전될지도 모르지요. 그러니 같은 처지라는 마음으로 서로 도울 수 있으면 좋겠습니다.

대신 류타가 할 수 있는 일로 저를 도와주기도 합니다.

역까지 마중 좀 나와.

맥주 한 잔만이야. 일터 사람들은 다들 좋은 분들이라 함께 있으면 즐거워.

어라- 류타도 술 마시는구나! 회식 재미있어?

아, 그렇지! 내일 아르바이트 하는 데서 회식이라 저녁밥 안 줘도 돼.

나보다 류타가 운전을 더 잘해.

♬~

현재 자동차 판매회사에서 서비스 조수로 아르바이트

아르바이트 하는 곳 선배들은 모두 친절하고 야단치는 일도 별로 없으니까 아주 일하기 편해!

물끄러미

여긴 짜증내거나 이유없이 야단치는 사람이 없어.

좋은 분들만 있는 일터이기에 깨닫게 된 것이 있었던 모양으로

친해지면 업무를 상담하기 쉬워지니까 한잔하러 가자고 하면 되도록 참석하도록 하고 있답니다.

어릴 때부터 '별난 아이'라고 불려 왔고 스스로도 별나다고 인정하지만 그게 뭐 잘못됐냐고 생각해 왔다고 본인은 말합니다.

저런 사람을 본받자.

별난 게 나쁜 거야~?!

다른 사람과 같은 건 싫어!!

게다가 다들 뭐든지 '고맙다'고 말해.

앗, 고마워.

여기요.

남들 얘기에 같이 어울린다.

초조해도 말로 내뱉지 않는다.

류타의 '보통 사람' 캐릭터 설정

회식에 참석해서 모두와 수다를 떤다.

격려의 말을 건넨다.

윗사람을 공경하고 함부로 나서지 않는다.

언제나 고맙다고 말한다.

그러니까 아르바이트 할 때만은 '보통 사람'을 연기하듯 조심하고 있는 거야!

하지만 여러 사람들의 장점을 조금씩 흉내내면

자기도 딱 적당한 '보통 사람'이 될 수 있을지도 몰라! 하고 깨달았다나.

캐릭터 체인지!

어머나- 집에선 변함없이 제멋대로인 채여서 '보통 사람' 류타가 상상 안 되는데.

조심하면서 사람들과 어울리면 하루가 평온하게 끝난단 말이지.

오호 ……

어느샌가 성장해 있었구나.

이래 봬도 일단 밖에서는 남들을 배려하려 한다니까.

지금까지 겪었던 일들은 좋았든 나빴든 류타가 성장하기 위해 필요한 것이었을지도 몰라.

틀림없이 시련을 겪으며 여러가지 깨닫게 된 거겠지.

그리고 나의 성장에도
금세 안절부절 못 하고 말도 통하지
않고 깜빡하기도 잘 하는 우주인 아들이
필요했다고 깨달았습니다.

앞으로도 취업 준비나 직장생활에서
어려움이 기다리고 있을지도 모르지만
조금이라도 살아가기 편한 방법을 아이와
함께 찾아가며 걸어가려고 합니다.

가시는
우주선에 실어
보냈다니깐.

아직 조금
뾰족뾰족하지만
꽤나 많이
지구에
친숙해졌구나.

발달 영역별 편차가 심한 아이를 키우려면 일반적인 방법으로는 잘 되지 않는 측면이 있습니다. 틀에 박힌 사고방식으로는 이 아이들을 있는 그대로 이해하는 것은 고사하고, 어른이 바라는 모습을 강요해서 '나는 틀렸어'라는 생각을 심어주고 맙니다.

그러나 이 아이들이 살아가는 세계나 그들의 체험을 그들의 입장에서 이해하고, 그것이 얼마나 힘든지, 또한 독특한지 조금이라도 알게 된다면 있는 그대로의 그들과 살아가는 것이 즐겁게까지 느껴질지도 모릅니다.

이 책에서는 류타가 자신이 체험하는 세계를 소개해주었지만, 발달장애 아동 전부가 그와 같은 마음이나 생각을 갖고 있는 것은 아닙니다. 또한 이 책에서 제시한 대응법이나 힌트가 반드시 잘 통하리라는 법도 없겠지요. 그러나 낙심하지는 마세요. 이 책에는 저마다의 부모님들과 자녀들이 상상력을 넓혀 갈 계기가 될 것들로 가득 차 있습니다. '눈앞의 아이에게서 배운다' – 그것이 육아의 즐거움에 다가가는 첫걸음입니다.

끝으로, 제가 독자 여러분들께 '부모의 마음을 부드럽게 하는 다섯 개의 문장'을 보내드리며 이 글을 끝맺을까 합니다.

① 눈앞의 아이에게서 배우자.

육아서보다, 전문가보다, 눈앞의 아이가 제일 좋은 선생님입니다.

② 변화도 이해도 천천히 진행시키자.

급하게 일어난 변화는 오래가지 못합니다. 천천히 일어난 변화가 진정한 변화입니다.

③ '이 아이답게 되자'를 목표로 하자.

보통 아이가 되는 것이 목표가 아닙니다. 그 아이답게 사는 것을 존중합시다.

④ 자신도 아이도 '있는 그대로'를 소중히 하자.

이 아이들은 어른이 바라는 모습을 강요받는 경우가 많습니다. 그들의 있는
그대로의 모습도 소중히 합시다.

⑤ 자신도 도움을 받자.

도움받음으로써 안심하고 고민할 수가 있습니다. 고민하는 힘은 살아갈 힘
을 단련시켜줍니다.

마에카와 아사미

이 만화를 그리기 위해 성인이 된 아들에게 인터뷰를 청했을 때, "초등학교 때는 교실에 있으면 눈이 부셔서 아무것도 보이지 않는 상태였어"라는 말을 듣고 매우 놀랐습니다.

지금까지 많은 발달장애 전문가나 당사자들로부터 증상이나 특성에 관한 이야기를 듣고 있었는데도 말입니다. "그랬구나! 그래서 수업 중에 복도에서 뒹굴고 있었던 거구나" 하고, 10년차에 겨우 이해하게 되었던 것입니다.

말로 표현하지 않았을 뿐이지 아이의 몸과 마음에는 매일 여러 가지 일들이 부담이 되어 힘들었을 것이라고 생각하면, 야단만 치던 엄마는 후회할 수밖에 없습니다.

감수를 맡으신 마에카와 아사미 선생님의 말씀처럼, 있는 그대로의 아이를 응원할 수 있었다면 저 자신도 초조해하거나 남들 눈을 의식하지 않고 있는 그대로의 엄마로 있을 수 있었을지도 모릅니다. 지난 일은 되돌릴 수 없지만, 앞으로는 성인이 된 아들과 엄마가 '동등한' 관계로 마주할 수 있었으면 합니다.

감수를 맡아주신 마에카와 아사미 선생님, 책의 기획 및 편집을 도와주신 나카미츠(中満)씨와 우노(宇野)씨에게 감사드립니다.

그리고 이 책을 택해주신 독자 여러분께 감사의 인사를 드립니다. 발달장애를 가진 아이에게 좋은 육아와 지원이 이루어지기를 기원하고 있습니다.

가나시로 냥코

화내기보다 연구!

잠옷을 또 뒤집어 벗어놨네. 제대로 해놓자.

왜 옷은 안쪽 겉쪽이 있는거야.

매일 이런 불평 듣는 것도 지긋지긋.

진짜! 귀찮아 죽겠네.

초등 5

잠옷을 좀 큰 걸로 하면 벗기 쉬울까.

속옷 잠옷

벗기 힘든 게 문제 인가?!

스트레스 안 받고 대성공!

이것 좀 봐. 탈피.

이게 내 방식!

초등 6

아이고 —

빨리 숙제 하라고.

알고 있단 말야~.

슬슬 해 볼까!

그게 아냐. 놀이 모드에서 공부 모드로 전환 중이야.

의욕이 없군.

찰칵

아니 음악?! 점점 더 집중 못 하는 거 아냐?

라디오 카세트

빨리 공부 모드로 들어갈 수 있어.

흥얼 흥얼~

아냐. 음악을 들으면 곡에 집중해서

지금까지 마고북스와의 인연으로 발달장애에 관한 책들을 번역해 오면서 이번에 처음으로 만화를 번역하게 되었습니다. 저에게 새로운 도전이었지만, 어렸을 때부터 만화를 좋아했기에 즐겁게 작업할 수 있었습니다.

이 책을 처음 접했을 때, 류타가 팔을 휘두르며 악을 쓰고 우는 원서 속표지가 눈길을 끌더군요. 발달장애를 가진 아이를 키우는 엄마가 아이를 바라보는 시선에는 애정도 있지만 고단함과 안타까움 같은 온갖 복잡한 감정들이 섞여 있지요. 그런 마음을 엄마의 시선으로 아주 간결한 그림체로 표현한 그 단 한 컷이 주는 마음의 울림에, 지금까지 번역한 글로만 된 책들과는 또 다른 감동을 받게 되더군요. 이것이 만화의 매력이라는 생각이 들었습니다.

사랑스러운 류타로 인해 웃기도 하고, 때로는 밉살스러운 생각도 들고, 마치 내 아이를 키울 때처럼 다양한 감정을 느끼며 번역을 했습니다. 발달장애 아이라도 각자 개성이 다 다르기에 어떤 독자분들은 "얘가 무슨 발달장애야?"라고 하실 수도 있겠습니다. 사실, 제가 어렸을 때는 이런 아이들이 딱히 장애라는 인식 없이 좀 별난 성격이란 취급을 받으며 다 함께 학교생활을 했던 것 같습니다.

발달장애를 가진 사람들의 특징은 우리 모두 어느정도 가지고 있는 것입니다. 물론 그 '정도'라는 것이 그야말로 자신은 물론, 주위 사람들의 삶의 질까지 크게 좌우하는 것이지만 말입니다. 예를 들면 아이가 점프를 하고 소리를 지르는 것은 우리 모두 거쳤던 당연한 과정이죠. 그러나 아이가 자라서도 시도때도 없이 소리 지르고 점프를 하고, 이웃들에게 피해를 주어 주거지를 계속 바꿔야 하고, 가족들이 밤에 제대로 잘 수 없다면 어떨까요. '정도'의 문제는 인생에 큰 영향을 미치게 됩니다.

혼다 히데오는 《자폐 스펙트럼 ― 장애와 비장애 사이, 어떻게 인식하고 어떻게 지원할까》(이윤정 옮김, 2022, 마고북스)에서 남의 도움을 얼마나 필요로 하는가에 따라 장애의 정도가 판정된다고 합니다. 발달장애란 것이 어떻게 보면 "누구나 저런 면은 다 있어, 다 그렇게 크는 거야"라고 간과되기 쉬운 것이죠. 이렇게 누구나 갖고 있는 일면에 장애라는 이름을 붙이는 이유는 장애라는 낙인을 찍기 위한 것이 아니라, 이 아이들이 겪는 어려움을 이해하고 돕기 위해서입니다.

우리 모두에게는 류타가 가진 일면들이 있을 텐데, 그런 면들이 비슷한 듯하면서도 사실은 제각각 달라서 이해해주지 못하기 때문에 류타 같은 아이들을 고통스럽게 만드는 것입니다. 각자의 특성을 있는 그대로 이해하고 어른이 잘 뒷받침해준다면 이 아이들이 겪는 어려움은 훨씬 줄어들 것입니다. 이해심 많은 어른들도 정보가 부족해서 아이들을 오해하고 화를 내는 경우가 있습니다. 이 책이 어린 류타들을 이해하고 잘 이끌어주는 계기가 되었으면 좋겠습니다.

이 책의 중요한 메시지는 아이를 있는 그대로 받아들이자는 것입니다. 그런데 있는 그대로 받아들인다는 것은 비단 아이의 지능이나 기능에 대해 과도한 기대를 하지 않고 냉정하게 판단한다는 것만을 의미하지는 않습니다. 예를 들면, 장애 아이들의 부모님들이 "우리 아이들은 천사 같아요"라고 말씀하시는 것을 종종 접할 수 있는데, 이것은 아이를 있는 그대로 받아들이는 게 아니라고 생각합니다. 아이를 있는 그대로 받아들이는 것은 도덕적, 성격적인 면도 다 포함해서일 것이고, 어찌 보면 그런 부분들이 지능이나 기능적인 면보다 더 중요할 수도 있습니다. 자신의 아이가 나쁜 짓을 할 리 없고, 발달장애인들은 순수하고 착하다는 주장은 어찌보면 이 책에서 말하듯이 '어른이 바라는 모습을 강요하는 것'에 포함되는 태도일 수도 있습니다.

발달장애가 있는 아이들도 다 천차만별이라 성격이 온순한 아이들도 있고, 매우 공격적인 아이들도 있습니다. 다른 아이를 괴롭히는 아이도 있다고 합니다. 잘 가르치지 못하면 나쁜 짓을 할 수도 있습니다. 이 아이들은 시각적으로 체험하는 것을 그대로 모방하는 경향이 일반 아이들보다 더 강하다고 하는데, 바로 그렇기 때문에 이 아이들에게는 좋은 본보기를 많이 보여야 한다는 것입니다.

이 점에서 저자는 역시 만화의 강점인 단 한 컷으로 매우 인상적인 장면을 연출했습니다. 살면서 괴로운 경험을 많이 했던 류타는 '괴롭히는 놈들에게 배로 갚아줄 테다'라며 모난 성격을 갖습니다. 그러다가 직장에서 좋은 사람들과 함께 일하게 되고, 처음으로 '저 사람들을 본받고 싶다'는 생각을 하게 되는 바로 그 장면입니다.

이 아이들에게는 그런 순간이야말로 일생에서 중요한 도약의 순간일 것입니다. 우리 아이들은 천사라고 맹목적으로 믿는 것이 아니라, 아이를 객관적으로 평가하고 좋은 본보기를 최대한 많이 보여주어야 할 것입니다.

또한 이 책은 매우 실용적인 책입니다. 인기 드라마에서는 뛰어난 능력을 가진 자폐인들이 변호사나 의사로 활약을 합니다. 그러나 현실적인 측면에서 보자면 발달장애 당사자와 가족들에게 공감하기 어려운 이야기가 아닐까 싶습니다. 그보다 류타가 자신의 인생 목표를 향해 나아가는 모습이 당사자와 그 부모님들에게 더 실질적인 도움을 주고 마음에도 와닿지 않을까 합니다. 드라마에서 보여주는 특별한 능력자가 아니라 자신의 꿈을 향해 서툴지만 건실하게 나아가는 류타의 항해를 응원하다 보면 우리들도 자신만의 현실적이고 구체적인 목표를 실현시킬 힘을 얻을 수 있을 것 같습니다.

이 책이 고단한 보호자와 지원자의 마음에 조금이라도 즐거움을 주고, 아이와 함께하는 생활을 편안하게 도와줄 수 있기를 바랍니다. '정도'의 차이는 있을지언

정, 우리 모두의 마음속에는 저마다 다른 류타가 존재할 것입니다. 따라서 발달장애 당사자와 그 보호자가 아니더라도 아이를 키울 때 이 책이 도움이 될 것이라고 생각합니다.

저도 즐겁게 번역을 했고, 도움되는 정보와 생활의 지혜를 여러 가지 얻을 수 있었습니다. 악을 쓰며 울고 있는 세상의 류타들과 안타깝게 지켜보는 어른들의 눈물을 조금이라도 닦아줄 수 있길 기원해봅니다.

이윤정

불공평 반대

난 그렇게 잘못한 게 없는데

선생님한테 혼났어.

나만 엄청 혼났어.

그건 너무해! 똑같이 혼나야지.

그건 평소 류타의 행동이 좋지 않아서 일 거야.

명쾌

평소에 문제가 없는 아이는 그다지 혼나지 않는 법이야. 세상 이치가 그렇게 되어 있단다.

불공평의 쓰라림이 장난 아닌걸.

싫어 그런 거

불공평 반대

평등에 집착해요

!?

자, 팥빵 반씩 나눠 먹자.

치사해!

엄마 것이 더 큰 것 같아.

빤히

이런 건 정확하게 반으로 나눌 수 없으니 어쩔 도리가 없어.

글쎄요~

팥빵을 칼로

칼로 잘라서 똑같이 나눳.

평등에 너무 엄격해.

덤이에요. 마지막 까지 동행해주신 여러분께 감사!